社会学概論

北川由紀彦

社会学概論（'21）

装丁・ブックデザイン：畑中　猛

s-73

まえがき

2020年に起こった新型コロナウイルスの世界的な感染拡大によって，私たちの生活は大きく変わりました。感染を防止するために，人と人との間に一定の物理的な距離をとることが求められるようになりました[1]。政府の緊急事態宣言により外出が抑制されていた期間には，多くの方が自宅待機や在宅勤務を余儀なくされた一方で，私たちの日常生活に不可欠な分野で多くの方々が尽力されました。宣言が解除された後も，仕事の仕方や家事・育児のあり方が変わった方もいれば，解雇や廃業で人生設計自体が大きく変わった方もいます。今回のコロナ禍は，私たちの生活が社会と密接につながっていることをあらためて突きつけました。

よくよく考えてみれば，コロナ禍があろうがなかろうが，私たちの生活は，社会によって支えられています。その反面，社会は，差別や排除などによって一部の人々（それは私かもしれませんし，あなたかもしれません）の生活や生存を脅かすこともあります。今ある社会を手放しで全肯定するのではなく，かといって全否定するのでもなく，今よりも少しでもよい社会に作り変えていく力を私たちはそれぞれに持っています。ただ，そうした力を発揮するためには，そもそもこの社会にどのような「仕組み」があるのかを理解する必要があります。第１章でも触れますが，社会学はそうした必要に応え社会の「仕組み」を明らかにしようとする学問です。一方で，社会の「仕組み」を知ることは，それ自体が知的な喜びの一つにもなり得ますし，私たち一人ひとりが社会の中でより

1　この「物理的な距離」はしばしば「ソーシャル・ディスタンス」と呼ばれていますが，社会学では「ソーシャル・ディスタンス」（social distance 社会的距離）という言葉は，コロナ禍よりもずっと前から，物理的な距離ではなく人々の親しさ（親密さ）の程度を指す言葉として用いられてきました。感染防止のために物理的な距離をとること自体は必要なことですが，困難や不安に直面しやすい状況下では親密な関係は強めることのほうが大切になりますので，筆者としては，「ソーシャル・ディスタンス」よりも「物理的な距離」という言い方のほうが適切だと考えています。

充実した生き方を追求していくうえでの手がかりにもなります。ぜひ社会学という学問に触れてみてください。

本書は放送大学の科目「社会学概論（'21）」の教科書（印刷教材）として執筆されたもので，社会学に初めて接する方を念頭に，社会学という学問が何を探究しようとしているのかや，社会学の基本的な概念などについて理解していただくことをねらいとしています。ただ，他の学問分野がそうであるのと同様，社会学の研究領域も専門化・細分化が進んでいます。社会学のあらゆる領域について広く深く解説する，などということは本書の限られた紙幅と筆者の力量ではとうてい不可能ですので，紹介や解説が十分にはできていない領域やテーマも少なくありません。物足りないな，と感じたときには，そのテーマに関する文献を図書館や書店で手にとってみてください。

また，本書では，コロナ禍が社会に与えた影響についてはほとんど言及していません。これは，本書の執筆段階ではまだ影響の全体像が見えていないためです。本書をお読みになる際には，今回のコロナ禍によって，社会に関して本書で言及されていることのうちの何が変わって何が変わっていないのか，といったことについても考えてみていただきたいと思います。

最後になりますが，本書の執筆に際して，編集者の福岡二九雄さんには，校正作業などでたいへんご尽力いただきました。また，本書と対になる放送教材の収録にあたっては，プロデューサーの山口明彦さん，野口琢磨さん，ディレクターの竹田杏一さん，アシスタントディレクターの高橋牧子さんをはじめ多くのスタッフの方々に大変お世話になりました。この場を借りて厚く御礼申し上げます。

2020年10月

北川由紀彦

目次

1　社会学とはどのような学問か

《目標＆ポイント》 社会学は「社会」を研究する学問である。このことの意味について，他の社会科学の分野との違いや，社会学が起ち上げられてきた歴史的経緯から解説する。併せて，社会学が社会をとらえようとするときの２つの立場やその古典的な研究，さらには社会学が社会を研究しようとすることの背後にある問題意識などについて解説する。
《キーワード》 近代化，方法論的集団主義／方法論的個人主義，社会学的想像力

1．社会学とはどのような学問か

社会学は「社会」を研究する

社会学（sociology）とはどのような学問なのか。こうした問いに答えるのは，簡単なことのようで案外難しい。もちろん，わざわざ「社会」学という以上，社会について探求する学問であることは確かである。しかし，社会で起きている様々な現象について研究する学問なら，政治学や法学，経済学などの分野がすでにある。これらは，社会学とどう違うのか。大まかにいえば，政治学や法学や経済学が社会の中で起きる現象のうちの一部分を研究対象とするのに対し，社会学は「社会」そのものを研究対象とするという点に違いがある。

政治学は，社会に様々にある現象の中でも政治という現象を研究の対象とする。そこでは例えば，国家における統治の仕組みはどのようになっているのか，統治の担い手はどのようにして決められているのか，

そもそもどのような統治が望ましいのか，などといったことが探求するべき課題とされる。同様に，法学は，社会の中でも法にまつわる現象を対象とする。そこでは例えば，法律が何を目的としてどのようにして作られ，社会の中でどのように解釈され運用されているのかなどが課題とされる。同じく経済学は，社会の中で人々が繰り広げる経済活動を研究対象とする。そこでは，市場において人々がどのように売買などの経済行為を行っていてそこにどのような法則性があるのか，あるいは市場がどのようなメカニズムで動いていてどのような統制をするとどのような結果が生じるのかなどが課題とされる。

このように，政治学や法学や経済学といった学問は，社会の中で生じる現象の一部分（あるいは一側面）に対象を限定して，様々な問いを立て探求する。これに対し社会学は，政治や法や経済といった現象をその一部に含む「社会」まるごとを研究対象とする。ここでいう「社会」とは，社会の構成要素である人と人のつながり，つまり関係のことである。もちろん政治学においても法学においても経済学においても，個人と個人の関係に注目することはある。しかしそこで注目されるのは，政治や法や経済に関わる限りでの関係――例えば統治する側とされる側の関係や裁判官と弁護士の関係，売り手と買い手の関係など――である。これに対し社会学は，それらに限定されない人と人との関係すべてを研究の対象に含むのである。

もちろん，だからといって社会学の研究のすべてが「社会」まるごと＝人と人とのあらゆる関係を取り扱うわけではない。社会学の個別の研究の中では，より具体的な人々のつながり――例えば学校における教師と生徒の関係や家庭内での夫と妻の関係，アイドルグループのファン同士の関係など――に注目して考察が行われることも多い。どのような関係に注目するのかは，それぞれの社会学者の関心に基づいて設定される。

ただ，社会学は，人と人との関係であればどのような関係でも研究の対象として設定しうる，ということなのである。

また，このことは，社会学が社会科学における万能選手として他の社会科学の上に君臨する，ということを意味するわけではない。社会学が政治現象や経済現象など他の社会科学が主たる対象とする現象に関心を振り向けることはある。しかし，そのときでも社会学は，その現象の中の人と人との関係に注目をするのであって，政治現象や経済現象をまるごと扱うのではない。つまり，社会学は，社会の中の様々な現象を取り扱う際，社会学の固有の視点として，人々の関係に注目するのである。この点に社会学という学問の特徴があり，それゆえに社会学はしばしば「視点」の学問であるともいわれる。

ここまで，社会学は「社会」まるごと，人と人との関係に注目する，と述べてきた。このことの中には，人と人とが関係することで形作られている「社会」そのもののあり方，さらにはそのような社会と個人との関係にも注目する，ということも含んでいる。この点は，社会学という学問が生まれた歴史的な背景と関係している。

近代化のうねりの中で社会学は生まれた

社会学が固有の学問領域として成立をみた時期は，他の社会科学，例えば法学や政治学，経済学などよりもずっと後のことである。「社会学（仏：sociologie）」という言葉が初めて世に出たのは A. コントという哲学者が『実証哲学講義』という大著の第４巻を著した1839年であり，独自の学問領域としてよりはっきりとした輪郭を表すようになるのは，さらに後，K. マルクス，É. デュルケム，G. ジンメル，M. ヴェーバーといった人々が活躍した時代である。この時代のヨーロッパは，1789年のフランス革命を皮切りに政治体制が激変した時代であると同時に，蒸気機関の発明に代表される産業革命によって人々の労働や生活も大きく変化した時代，いわば近代化によって社会が大きく変わった時代であった。

前近代の身分制社会においては，個人の職業選択の自由や居住地選択の自由は，身分に応じて制限されていた。そしてまた，個人の身分，すなわち，その社会における資源や地位の配分は，しばしば，その個人の出生――貴族の子は貴族に，平民の子は平民に――によって政治的に決定されてきた。これに対し，近代化が進む社会においては，基本的には前近代的な軛（くびき）から解放されることにより，個人の職業や居住地の選択の幅は広がる。とはいえ，一方では，産業革命以来の産業構造の変化の中で，工場経営者などの資本家が勃興する一方で，その工場の劣悪な環境下で過酷な長時間労働に従事する以外に生きていく術がない労働者が大量に生み出されてもいた。

このような劇的で一面では破壊的な社会の変化は，前近代において“神によって周到に作りあげられている”と考えられていた社会の秩序――「世界観」というほうがよりマッチするかもしれない――が決して安定的なものではなく，人間の活動によって作り変えられているものである，という認識をもたらした。こうした認識の中で，目の前で起こっている社会の変化がどのようなものであり，そこにどのような社会秩序が生じている／生じていくのかということが，コントの，そしてその後に続いた人々の抱いた問題意識であり，探求すべきであると考えた問いであった。

例えば，F. テンニースという社会学者は，当時（19世紀後半）起きていた社会の変化の方向性を，「ゲマインシャフト」が優勢であった社会から「ゲゼルシャフト」が優勢な社会へ，という方向性によって表そうとした（Tönnies 1887＝1957）。ゲマインシャフト（Gemeinschaft）

というのは，血縁や共通の宗教心などによって結ばれた同質的で全人格的な人間関係であり，ゲゼルシャフト（Gesellschaft）というのは，個人主義のもとでの分業と競争などによって結ばれた打算的で部分的な人間関係のことである。テンニースによるこの“ゲマインシャフトからゲゼルシャフトへ”という定式化は，あくまでも近代化という大きな社会変動の中で社会を織り上げる人々の関係の質がどのように変化してきているのかについての非常に包括的な定式化の「試み」であり，これが近代社会についての唯一の正しい見方というわけではない。テンニース以降も様々な社会学者が，近代化という変化が社会に何をもたらしているのか，さらには，近代社会（それは私たちが生きている現代社会でもある）はそもそもどのような仕組みでできているのかについて，様々な角度から考察を試みている。社会学は，人と人との関係，それによって形作られている社会，そして社会と個人との関係について明らかにすることを試みる学問なのである。

2. 社会をどうとらえるか

「鳥の目」と「虫の目」

社会は個人が集まることによって初めて形作られる。一方で，生まれてから現在まで誰の手も借りずに生きてきた人などいないように，個人は社会なくしては存在し得ない。そのような意味で個人と社会は不可分の関係にある。しかし私たちは，「社会」を直接見ることはできないし，モノのように手で触れて感じることもできない。そのような社会を社会学がとらえようとする際の立場には２種類ある。それが，方法論的集団主義（methodological collectivism 方法論的集合主義と訳されることもある）と方法論的個人主義（methodological individualism）である。

前者の立場は，社会を，それを構成する一人ひとりの個人には還元できないまとまった全体としてとらえようとする立場である。これに対し，後者の立場では，社会という実体があると想定するのではなく，個人が相互に関係を紡ぎながら様々な活動を展開していくことによって社会が形作られているという側面を重視し，その関係のあり方に社会を見出そうという立場である。

方法論的集団主義と方法論的個人主義は，「鳥の目」と「虫の目」にしばしば例えられる。社会を「森」に例えるなら，方法論的集団主義では，鳥が空から森を見渡すように，塊としての森の色や形などが把握される。これに対し，方法論的個人主義では，虫が森を構成する木々を地面から観察するように，一本一本の木がどのような種類の木でどのような特徴をもっているか，そして木と木の間にどのような関係（相互に競い合う関係なのか共生する関係なのか等）があって森が形作られているのかが把握されるのである。

この2つの立場について，もう少し具体的な研究を紹介しながら考えてみよう。

「社会的事実を物のように対象化せよ」

先程も名前を挙げた，社会学の礎を築いた社会学者の一人であるÉ. デュルケムは，方法論的集団主義の立場に立ち，“社会学は社会的事実（仏 fait social）を考察の対象とする学問である”と主張した（Durkheim 1895＝1978）。ここでデュルケムがいう「社会的事実」とは，個人の外にあって個人に強制力を及ぼす思考や行動の様式や，あるいは集会などの場における人々の熱狂のようなもののことであり，それを「物のように」取り扱い考察することが社会学であるという。

デュルケムはその主著の一つである『自殺論』において，社会学が社会的事実をどのように考察するかを実際に行ってみせている（Durkheim

1897＝1985）。『自殺論』のポイントは，自殺という行為について，心理学的説明を排除して自殺の背後にある社会的要因に注目することで，個人に社会が及ぼしている影響を探っているという点である。

私たちは，自殺という現象をきわめて個人的な行為であると認識している。ある人が自殺をするかどうかは，ある意味で個人の究極の選択であるように思える。しかしデュルケムは，自殺には社会も何ほどかの影響を及ぼしており，それを考察の対象として取り出すことは可能であるという。ヨーロッパ各地の自殺の統計を整理して分析してみると，自殺の発生率は地域ごとにある程度一定している一方で，国によって違いがあったり時代によって変化したりもしている。例えば，カトリックの国はプロテスタントの国より自殺率が低い，あるいは農村よりも都市のほうが自殺率が高い，戦争などの政治的危機が生じている時代には自殺率が低下する，などの違いである。

こうした違いは，それぞれの国・時代の社会構造や集合意識（社会において人に共有されている信念や一体感など）が異なっていることに由来しているのではないかとデュルケムは考える。そしてデュルケムは，自殺の主要な類型として3つの類型（自己本位的自殺，集団本位的自殺，アノミー的自殺）を設定する。自己本位的自殺とは個人と集団の結びつきが弱まることによって個人が強い孤独感や焦燥感にさいなまれて起こる自殺の形態であり，集団本位的自殺とは，集団の価値体系に絶対的な服従を強いられる社会，あるいは諸個人が価値体系・規範へ自発的かつ積極的に服従しようとする社会に見られる自殺の形態である。アノミー的自殺とは，もっと多くの富を得たい，もっと名声を得たいなどの欲望が際限なく増大する（こうした欲望の無規制状態をアノミー anomie という）一方で実際にはそれを手に入れることが難しいときに，その落差に苦しんで行われる自殺の形態である。

そして，デュルケムは，自殺率に関する統計を注意深く比較分析することで，例えばカトリックの国では信徒である個人が教会を中心とした集団と深く結びついているために自己本位的自殺が少ないのに対し，プロテスタントの国ではそうした結びつきが弱いために自己本位的自殺が多いのではないか，あるいは経済的な好況時には人々の欲望も増大するためにアノミー的自殺が増加するのではないか，という具合に，自殺率の違いから，個人をとりまく社会の違いや変化が個人に与える影響——社会的事実を浮かび上がらせるのである。

個人の営為が資本主義をつくった

一方で，M. ヴェーバーは，方法論的個人主義の立場から，個人の行為が社会の大きな変化を生み出している側面について，代表的な著作である『プロテスタンティズムの倫理と資本主義の精神』において光をあてている（Weber 1920＝1989）。この書でヴェーバーは，近代社会の重要な構成要素である資本主義の勃興期にキリスト教の一宗派の信徒であるプロテスタントが資本家として大きな位置を占めた事実に注目し，プロテスタンティズムという宗教倫理にしたがって個々人が行為をすることで資本主義の礎が築かれたメカニズムの解明を試みている。

ヴェーバーによれば，勃興期の資本主義において重要であったのは，単なる儲け主義ではなく，事業経営を合理的に行うことによって得られた利潤をさらなる事業拡大のための資本として再投入することによって資本を増加させていくことそれ自体を目的とする「資本主義の精神」であるという。一方で，プロテスタンティズムの教義においては，個人が死んだ後に天国に行けるかどうかは神によってすでに決められていて変えることができず，また知ることもできないとされる。個人は，自分の職業を神から与えられた天職と受け止め禁欲的に自分の生活を合理的に律して天職に専心することが宗教的義務であるとされ，その義務を果たそうと尽力する。天職における経営努力によって得られた富を享楽的に消費することは禁欲という神の教えに背くことになるため，富は自分の欲望充足のためではなく，天職をさらに充実して遂行するための資源＝資本として投入される。こうして「プロテスタンティズムの倫理」が「資本主義の精神」へと転化していくことによって，資本主義が確立し世界へ拡大していったという。つまり，ヴェーバーは，キリスト教の宗派の一つであるプロテスタンティズムの倫理が個人の職業に対する向き合い方を方向づけ，個々人が禁欲的に職業に邁進していくことが資本主義の確立・展開という世界史的・人類史的な社会の転換をもたらしていったことを明らかにしようと試みたのである。

＊　＊　＊

ここまで述べてきた方法論的集団主義，方法論的個人主義という立場について，社会学という学問領域全体の中では，どちらか一方が圧倒的に優れているというような共有された見解はない。個別の社会学者はしばしば，どちらの立場を採用するかを選択したうえで具体的な研究を試みている。それは，「鳥の目」で見ないと見えてこないこともあれば「虫の目」で見ないと見えてこないこともあるという認識をいったん共有したうえで，何を明らかにしたいのか，という研究テーマや理論的な関心に応じて，より効果的と考える立場を選択しているということなのである。

社会学的想像力

私たちは社会の中で生きている。その中では，自分の希望がかなってとてもうれしいという経験をすることもあるだろうし，そうした経験が多少なりとも存在することで私たちは日々の生活の中で多少つらいことがあってもそれを乗り越えることができている。一方で私たちは，家庭や職場で不本意であったり理不尽であるとしか思えなかったりするような経験もする。自分自身が直接経験してはいなくとも，そうした経験をしている人々に出会う――対面で直接会うことがなくともメディアなどで間接的にそうした人たちの経験に接することもまた「出会い」である――こともある。それは例えば，企業が女性である「私」にだけヒールの高い靴を履くことを要求し断ったら嫌がらせを受けるようになった，という経験かもしれないし，老親の介護に日々の生活の多くの時間を捧げつつも自分自身の将来の展望が見えないという状況かもしれない。あるいは，生活に行き詰まって家賃が払えなくなりアパートから退去させられ公園で野宿をするしかなくなった，という経験かもしれない。あるいは，何が辛いのかを自分の言葉で明確に表現することすらまだできていないモヤモヤとした「やりきれない」「しんどい」状況を経験することかもしれない。

こうした経験は，第一義的には「私」や「その人」の私的な経験であり，私たちはとりあえずそうした経験に個人的な対処（それは実質的な解決である場合もあれば諦めである場合もあるかもしれない）を試みる。しかし，こうした私的経験が純粋に私的なものであることはほとんどない。私たちは社会の中で生き，社会から様々な影響を被っている。「私」がヒールの高い靴を履くことを求められるのは，その企業や社会が女性という属性を持つ人に対して一方的にそのようなことを求めることを当然であると考えているからであり，将来への不安を抱えながらも老親介護をせざるを得ないのは，“親の面倒を家族がみるのは当然である”という社会的な価値観や，その社会の介護福祉制度に隙間が存在するからであり，住まいを失い野宿しなければならないのは，生活困窮者のための住宅制度や福祉制度がうまく機能していないからでもある。これらはすべて，社会構造にその一因をもつ公的な問題でもあるのである。このように，個人のおかれた環境に関する私的な問題と社会構造に関する公的な問題とを結びつける想像力のことを，社会学者のC. W. ミルズは，社会学的想像力（sociological imagination）とよぶ（Mills 1959＝1965）。社会学的想像力は，私たちが社会によってどのように拘束されているのかを洞察する能力であると同時に，その拘束から私たちが少しでも自由になるためには社会をどう変えていけばよいのかを考えていく手がかりを得るための能力でもある。

社会学は，人と人とがどのように関係しどのようにして社会を形作っているのか，また，その一方で社会と個人とがどのような関係にあるのかを「明らかにする」ことを目的とする営みであって，直接に社会を「改善する」ことを目的にはしていない[1]。しかし，そのことは，個々の研究者が社会について問題意識を全く持っていないということではない。なぜ社会について探求するのか，という社会学者たちの関心の中には，社会について純粋に知りたい，という知的探求心だけでなく，今ある社会をよりよい社会に変えていきたい，という関心もしばしば含まれている。

とはいえ，どのような社会が「よりよい社会」なのかについては，社会学者の間でも必ずしも一致した見解があるわけではなく，そのこと自体も社会学の研究テーマである。そのことをも織り込んだ上で，社会学者は，社会についての探求を行う。それは，今ある社会がどのような仕組みになっているのか，社会から個人がどのような影響を受けたり拘束

1　この点に関してヴェーバーは，社会学者も社会の一員である以上は「社会とはこうであるべきだ」という価値判断を完全に放棄することはできないという前提に立ったうえで，自身がもっている社会についての価値判断を自覚し明示したうえで，そうした価値判断と区別して社会についての事実に基づく認識を示すことが社会（科）学に求められる姿勢であるとし，こうした姿勢を「価値自由（独 Wertfreiheit）」とよんでいる（Weber 1904＝1998）。

されたりしているのかを明らかにすることが，「結果的に」今ある社会にどのような不具合があるのかを明らかにしたり，今ある社会が絶対的なものではなく別の社会でもあり得る可能性（今ある社会を変え得る可能性）を明らかにしたりすることにもつながるからであるという関心からでもあるのである。

3. 本書の構成

さて，本書は，それぞれの章で，そのテーマについての社会学における基本的な考え方や基礎的な概念の解説を中心にし，ときに研究の具体例なども紹介している。ざっと順番にみておこう。

第2章「行為・役割・社会化」では，社会を形作る個人に焦点をあてて，個人が社会に組み込まれ，社会の一員となっていく過程について解説する。続く第3章「相互作用分析」では，個人と個人がコミュニケーションを行う過程に注目してなされる研究の考え方やそこで発揮される人々の主体性などについて解説する。第4章「集団・組織・官僚制」では，個人が集まることで形成され社会学の考察対象とされる集団や組織，さらには組織を運営するシステムの一つである官僚制というしくみについて解説する。第5章「パーソナル・ネットワークとソーシャル・キャピタル」では，個人が織りなす社会関係のうち，集団や組織のようなまとまった形をとらないネットワークと，人々のつながりの資源としての側面に注目するソーシャル・キャピタルという概念について解説する。第6章「家族の諸形態」では，人間にとって基礎的な集団の一つである家族の様々な形態や日本の村落社会における家族の意味について解説する。続く第7章「家族の現在」では，近代以降の家族の特徴と現在の家族の動向について解説する。第8章と第9章「階級と階層」では，社会の中で個人が占める位置について把握するうえで重要な，「階級」と

「階層」という概念と，人々が社会の中でその位置を変化させていく「社会移動」という現象のとらえ方などについて解説する。第10章「逸脱と社会問題」では，人々が規範から逸脱していく現象や社会問題とよばれる現象についての社会学の基本的なとらえ方について解説する。第11章「都市」では，都市という集落やある地域が村落から都市へと変化していく都市化という現象について社会学が何を問題としてきたのかなどについて解説する。第12章「町内会とNPO」では，人々が自発的に参加し様々な問題の解決にあたる組織の例として町内会とNPOを取り上げ，その特徴などについて解説する。第13章「グローバル化という社会変動」では，現代社会に生じている大きな変化であるグローバル化をとりあげ，グローバル化が社会にもたらす具体的な変化や日本社会における外国人の動向などについて解説する。最後の第14・15章「社会調査」では，社会学が社会について考察する際の基礎となるデータの収集方法である社会調査の基本的な考え方や種類，注意点などについて解説する。

社会学も専門分化している

なお，社会学という学問自体も，主たる研究対象や用いる研究方法などによる専門分化が進んでおり，これまでに様々な専門領域が起ち上げられている。例えば，教育社会学，労働社会学，産業社会学，家族社会学，法社会学，犯罪社会学，政治社会学，経済社会学，宗教社会学，文化社会学，都市社会学，農村社会学，地域社会学，数理社会学，福祉社会学，環境社会学，災害社会学，差別問題の社会学，社会運動の社会学，スポーツ社会学などである。本書ではこうした専門領域の視点や概念なども一部参照・紹介しているが，網羅的に取り扱うことまでは（筆者の力量もあるし分量上の制約もあるので）していない。もしも関心があって例えば卒業研究などで考察してみたい具体的な社会現象やテーマがある場合には，それに対応すると思われる専門分野でどのような研究がなされているのかを，インターネット[2]や図書館で文献を検索して読んでみるなどしてみてほしい。

参考文献

Comte, Isidore Auguste Marie François Xavier, 1839, *Cours de philosophie positive*（*Vol.4*）, Paris: Rouen.（＝1980，霧生和夫抄訳「社会静学と社会動学『実証哲学講義』第四巻より」清水幾太郎編『世界の名著46 コント　スペンサー』中央公論社：235-333）

Durkheim, Émile, 1895, *Les Règles de la Méthode Sociologique*, Paris: Félix Alcan.（＝1978，宮島喬訳『社会学的方法の規準』岩波書店）

Durkheim, Émile, 1897, *Le Suicide: Étude de sociologie*, Paris: Félix Alcan.（＝1985，宮島喬訳『自殺論』中央公論社）

Mills, C. Wright, 1959, *The Sociological Imagination*, Oxford University Press.（＝1965，鈴木広訳『社会学的想像力』紀伊国屋書店）

Tönnies, Ferdinand, 1887, *Gemeinschaft und Gesellschaft*.（＝1957，杉之原寿一訳『ゲマインシャフトとゲゼルシャフト――純粋社会学の基本概念』（上下）岩波書店）

Weber, Max, 1904, "Die "Objektivität" sozialwissenschaftlicher und sozialpolitischer Erkenntnis", *Archiv für Sozialwissenschaft und Sozialpolitik, Bd. 19*.（＝1998，富永祐治・立野保男訳・折原浩補訳『社会科学と社会政策にかかわる認識の「客観性」』岩波書店）

Weber, Max, 1920, "Die Protestantische Ethik und der "Geist" des Kapitalismus", *Gesammelte Aufsätze zur Religionssoziologie*（1）: 17-206.（＝1989，大塚久雄訳『プロテスタンティズムの倫理と資本主義の精神』岩波書店）

[2] 学術論文の検索には，国立情報学研究所が開設している「CiNii（NII 学術情報ナビゲータ［サイニィ］）」（https://ci.nii.ac.jp/）や，Google 社が提供している学術情報検索サービス「Google Scholar」（http://scholar.google.co.jp/）を薦めておきたい。

2　行為・役割・社会化

《目標＆ポイント》 社会学が社会に迫るアプローチの中には，個人を出発点として，個人が社会に組み込まれていく過程に注目するアプローチがある。この章では，そうしたアプローチをとる際に重要な概念である，行為，役割等について解説する。
《キーワード》 行為，状況の定義，地位，役割期待，役割取得，一般化された他者，社会化，ホモ・ソシオロジクス

1．行為

社会的行為

社会学が注目する人間の活動には様々なものがある。行動（behavior）は，人間の活動一般のことを指す。行動には，特に意識していなくても行なってしまう脊髄反射などの活動も含まれる。社会学は，行動一般よりも，行動の一種である行為（action）に注目する。行為とは，人間の行動のうち，なんらかの意図のもとに行われたり目標を指向したりする点において行動一般と区別される活動のことを指す。さらに社会学では，行為一般よりも，社会的行為（social action）に特に注目する。社会的行為とは，他者の行為の意味を解釈したうえで，他者を対象にして行われる行為のことを指す。例えば，道を歩いていて向こうからやって来る知人が手を振ったのを見て手を振り返す，という行為は社会的行為である。これに対し，個室で一人静かに瞑想するという行為は，他者の行為が関心の外にあるために，社会的行為ではない。

社会的行為の理念型

ヴェーバーは，社会学の基本的な目的を，人々の社会的行為の意味理解――この人はなぜその行為を行うのか／その行為はその人にとってどのような意味があるのかということの理解――とした。ただ，社会的行為は様々である。そこでヴェーバーは，社会的行為を理解するための道具として，目的合理的行為，価値合理的行為，感情的行為，伝統的行為という4つの理念型を提示している。目的合理的行為とは，他者がどう振る舞うのかについて予想しつつ，自分が果たしたい目的の達成のために合理的であるか否かという考慮に基づいて，目的達成のための手段としてその予想を利用する行為である。例えば，商業活動において取引先や顧客との間で行われる交渉のような行為はこれにあたる。価値合理的行為とは，その人にとって重要な価値の実現のための手段として行われる行為であり，ある宗教の信者がその宗教的価値の実現のために殉教するというような行為がこれにあたる。これらに対し，感情的行為とは，感情の表出それ自体を目的として行われる行為であり，伝統的行為とは，ただ習慣に則って半ば無意識に行われる行為のことを指す。

ただし，これらの型は，例示したような行為の特性を誇張することで設定した理念型[1]，つまりモデルである。実際の社会的行為は，4つの型のうちのいずれかにぴったり分類できるというようなものではなく，複数の型の性質をいくらかなりとも持ち合わせている。例えば，仕事でたいへんな失敗をした後で迷惑をかけた相手に心から深々と頭を下げる，という行為は，“謝るときには頭を下げる”というという慣習に従うという伝統的行為の側面を持っていると同時に，“とにかく頭を下げないと自分の気が済まない”という感情的行為の側面，さらには，頭を下げて謝意を示すことで相手から許しを引き出す，という目的合理的行為の側面も持っていると解釈できるかもしれない。そして，このように様々

1　理念型（理想型あるいは純粋型ともいう。英語ではideal type，ドイツ語ではIdealtypus）は，現実の社会現象をより深く洞察するための概念装置（認識のための道具）としてヴェーバーが提起した概念である（Weber 1904＝1998）。

な側面を持つ実際の行為がなぜ行われたのかについて，例えば純粋に目的合理的な行為として行われた場合の行為と比べてどう異なっているのか，そこにはどのような要因が働いているのか，といったことを社会学では考察する[2]。このように，複雑で様々な側面を持つ社会的行為についてより深く理解するための道具の一つが，社会的行為の理念型である。

状況の定義

社会的行為の理解という点に関して，W. I. トマスは，人々が自分のおかれた状況をどのように定義しているのか，という「状況の定義」（definition of the situation）に注目することの重要性を指摘している。なぜなら，個人は，自身がおかれた環境から与えられる刺激に対し条件反射のように反応しているわけではなく，自らのおかれた状況（その中には後述する「一般化された他者」も含まれる）を何らかの意味があるものとして定義をし，解釈し，そのうえで，あり得る様々な行為の選択肢の中から特定の行為を自身の行為として選択しているためである。逆に言えば，社会的行為の解釈に際しては，その人が状況をどのように定義しているかということは欠かせないわけである。

予言の自己成就と自殺的予言

トマスらは，「人々が状況を現実のものだと定義するならば，その状況は結果において現実となる」という言葉も残している（Thomas & Thomas 1928：572)。個人がある状況の定義を行い行為をすることによって実際にそうした状況が生まれる，という現象は社会の中でしばしば起きる。R. K. マートンは，そうした現象の例として予言の自己成就を挙げている（Merton 1957＝1969)。予言の自己成就とは，ある予言（あるいは流言）に接した人々がそれを正しいものであると認識して

2　社会調査におけるインタビュー調査は，そうした考察のための手段の一つでもあり，そこでは，その人が選択した行為の意図や目的，背景などが尋ねられ，そこにどのような合理性があったのかの解釈が試みられる（岸ほか 2016)。

（つまり予言に従って状況を定義して）行為することで結果においてその予言が現実のものとなってしまうという現象である。例えば，「あの銀行は倒産するらしい」という流言に接した人がそれを正しいものと受け止め友人知人にそのことを知らせるとともにその銀行の預金を全額解約する，という行為が拡大・累積することによって，そもそもは経営が順調であった銀行が実際に倒産してしまう，というような現象がこれに当たる。むろん，あらゆる予言が自己成就するわけではなく，予言に対し人々が反応することによって結果的に予言の結果が外れるという現象――自殺的予言もある。例えば，選挙報道におけるアンダードッグ（負け犬，判官びいき）効果[3]である。これは，選挙においてある候補者が劣勢との報道に触れた有権者たちが，その候補者に同情票を入れることによって結果的にその候補者が当選してしまう，というような現象である。

あらゆる社会現象が自己成就的予言（あるいは自殺的予言）の産物なのである，ということではないが，こうした現象は，個人が自身をとりまく状況を定義し解釈したうえで行為することが積み重なることで社会が形作られていく，という側面に光をあててくれる。

2．地位，役割，規範

地位

人間は社会の中で生きている。社会の中で個人が占める位置のことを地位（status）という[4]。一人の人間が社会の中で占める地位は一つではない。ほとんどの人は，複数の集団に所属するなどして，様々な場面を生きているからである。例えばある人は，家族という集団の中では次男，勤務先では新人の平社員，趣味のサークルでは代表という地位を占める。

3　選挙報道に関しては，アンダードッグ効果とは逆に，優勢と報じられた候補に「勝ち馬に乗ったほうが得」という感覚からさらに票が集まるバンドワゴン効果が存在することも指摘されており，どちらの効果がどのような条件の下で発現するのかについての最終的な結論はまだ出ていない。

4　様々に存在する地位のうち，富や威信，権力，知識の多寡などによって序列づけられる「社会的地位」については，階級と階層の章であらためて解説する。

またある人は，家族の中では母親，職場では課長，ＰＴＡでは会長という地位を占める。このように，一人の人間が占める地位はその集団との関係において様々である。また，勤務先では平社員であっても趣味のサークルでは代表者であるという具合に，必ずしもその人の占める地位がすべて一貫して上位（あるいは下位）であるとは限らない。

役割

様々な集団に所属しそのそれぞれにおいて特定の地位を占める個人は，その地位にふさわしいと集団が期待する行為の様式に沿って行為することを求められ，また基本的にはそのように行為する。この様式や役目のことを役割（role）という。この，個人がその地位に応じた役割を果たすことを求められることを役割期待（role-expectation）という。例えば，ある個人は，家庭では親としての役割を，勤務先では課長としての役割を，また葬式では親族から喪主の役割を求められる。

地位と役割はセットで理解される。私たちは日々の生活の中でそれと意識せずとも様々な役割に沿って行為をしているが，それは，自動的に行われているのではない。私たちは，これまでの人生の中で，他者との社会的相互作用（social interaction 相互行為と訳される場合もある）を日々行い，そのやりとりの中でその集団や場面における自らの地位を把握するとともに，その地位に付随する役割期待を考慮しつつ，役割取得（role-taking）を行ってきており，そうしたことが積み重ねられた結果として，個人は場面場面に応じた適切な行為を役割として遂行していくのである。

一般化された他者

Ｇ．Ｈ．ミードは，この役割取得という概念を用いながら，子どもが成長していく過程を，個人が社会的自我を獲得して社会的存在になっていく過程として考察している。幼児期の子どもは，ままごとなどの「ごっこ遊び」をする。この段階（プレイ段階）では，子どもは「ごっこ遊び」の相手である親や遊び仲間といった特定の他者とのやりとりを通じて，その人が自分にどのような役割を期待しているのかを取得し，特定の人のふるまいを真似するなどしてそれを演じる。この段階を過ぎると，子どもはより多くの人々と野球などを行う「ゲーム段階」に進む。この段階では，子どもは，Ａくん，Ｂさんといった特定の他者が自分に期待する役割ではなく，一般化された他者（generalized others）の視点からみて自分がどのような役割を果たすことが期待されているかを想像し，その役割を取得して行為するようになる。このときの一般化された他者からの役割期待こそがゲームのルールである。そして，この一般化された他者の期待は，ゲームのルールだけでなく，地域社会や国，さらには人類社会といったより広範な世界にまで拡張される。こうした一般化された他者からの役割期待を取得することで，個人は社会的存在になっていくのである。

重要な他者

なお，この一般化された他者とは別に，個人がその成長過程において役割期待を取得する際にその基準点となりその人による評価を強く意識するような特定の他者のことを重要な他者（significant others 意味ある他者とも訳される）という。重要な他者の例としては，親や友人，教師などが挙げられる。個人が誰を重要な他者とみなすのか，ということはしばしばその人の人生にも大きな影響を及ぼす。例えばC．ショウは，アメリカのシカゴの非行少年の形成過程について研究し1930年に『ジャックローラー』という本にまとめている。「ジャックローラー」

とは酔っぱらいをターゲットにした路上強盗を意味する当時のシカゴにおける隠語で，ショウは，かつてジャックローラーであった（その後更生した）スタンレー青年に自伝を書いてもらいそれを分析している。その結果，スタンレーが非行などの逸脱行動の深みにはまっていく過程において，継母による虐待から逃れるために家出・放浪を繰り返すようになっていくのと並行して，犯罪集団を重要な他者とみなしそうした人々と関わる中で犯罪者や非行少年の価値規準や役割期待を取得し，非行少年になっていったことを明らかにしている。

規範

一方で，役割期待は，個人それぞれの地位に応じた規範（norm）としての性格をもつ。規範とは，社会的な状況下においてその人が従うことを要求される一定の標準または当為命題[5]のことをいう。社会学において取り扱う規範には，その明確性や拘束性，範囲などにおいて様々な水準のものがある。憲法や法律，条例などの法は，明文化され，国家や自治体などその範囲が明確に限定されている規範であり，また，それを破った場合の罰則なども明示されている。一方で，村の慣習のように，適用範囲がある程度は決まっていても，その内容や違反した場合の罰則などが必ずしも明文化されていないものもあるし，“○歳までに結婚することが望ましい”“○歳までに親から経済的に自立すべき”といった年齢規範のように，特に法律や条例で厳格に決まっているわけでもなければ時代や世代によってもまちまちで特別な罰則があるわけでもないが従うことを求められているように漠然と感じてしまうという規範もある。

いま，規範を破った場合の罰則について触れたが，規範は一般に何らかのサンクション（sanction 賞罰）をともなう。サンクションとは，行為者の行為に対して他者からなされる，その行為を妥当なものと認める，

5　「～すべきである」という言明。対になるのは，「～である」という事実命題。

あるいは不当なものとして否定するという評価的判定を含んだ反応のことである。サンクションには，規範を破った者に対する懲罰や制裁といった負のサンクションと，規範に沿って何らかの貢献をした者に対する報償などの正のサンクションとがある。正負どちらのサンクションもその程度は様々であり，例えば負のサンクションは，嘲笑や非難といった軽いものから収監や死刑などの法に基づく重い刑罰まである。ただ，個人は，サンクションを実際に受けるという経験をしたから規範に従うようになるわけでは必ずしもなく，むしろ，その規範に付随するサンクションを受けたことがなくともその規範に従っていることのほうが多い。これは，その規範を破った（従った）場合にサンクションが行使されることを予期して，規範を内面化するためである。

3. 社会化

社会化とは

人間が相互作用を通じた学習によって役割期待や規範を内面化するともに知識や価値，技能などを習得していく過程のことを社会化（socialization）という。社会化は，個人にとっても社会にとっても重要な過程である。社会にとっては，社会化は動物としての人間を社会の成員へと形作っていく過程であり，社会化の過程なくしては社会はそもそも成り立たない。逆に個人は，社会化の過程を経ることで，社会の中で生きていくための知識や方法を身につけていくし，個人が抱く社会的な欲求（スポーツ選手になりたい，公認心理師の資格をとりたいなど）もまた，社会化の過程を経て形作られるものである。

社会化は，人生の全過程を通じて続く過程であるが，そのうち，乳幼児期から行われる，社会で生きていくうえでの基礎的な規範の習得の過程を一次的社会化（primary socialization）とよぶ。そして，この一次的社会化を土台として，成長や加齢，就職や結婚などの変化とともに新たに関わるようになる集団の規範や価値を習得し役割を取得していく過程を二次的社会化（secondary socialization）とよぶ。例えば，就職して職場の規則や慣習などを習得していく過程も二次的社会化であるし，勤務先で係長に昇進した際に係長に期待される役割を取得していくことも二次的社会化である。また，企業に勤める傍らで，趣味で加入している音楽演奏のサークルで演奏技術を学ぶとともにサークル内での適切な振る舞い方などを習得することもまた，二次的社会化である。

ホモ・ソシオロジクス批判

このように，地位や役割，規範，社会化といった概念は，個人と社会の接点となる重要な概念である。ただし，社会学者はしばしば，社会化を通じて個人が社会によって形作られる側面を強調し過ぎてきた。R. ダーレンドルフは，そのことを批判して，社会によって一方的に形作られる人間モデルを，経済学における人間モデルであるホモ・エコノミクス（homo economicus 自身の経済的利益が最大になるように行為する人間）になぞらえて，ホモ・ソシオロジクス（homo sociologicus）とよんだ。ホモ・ソシオロジクスは，社会が期待する役割を完全に受け入れ，またそれに従って行為するロボットのような人間モデルである。

個人は役割を取得し規範を内面化することで集団や社会の一員となっていく。しかしその過程は，社会が個人に一方的に規範や価値を注入し役割をあてがって進むわけではなく，個人は社会に対して様々な主体性や創造性を発揮し，ときには社会に対して抗い，ときに社会を作り変えることを試みる。言い換えれば，個人は，社会が与える役割を受け止めて内面化するだけの役割ロボット＝ホモ・ソシオロジクスなのではない。では，個人は社会の中で，どのようにして主体性を発揮し社会に抗ったりしているのか。次章でみていくことにしよう。

参考文献

Dahrendorf, Ralph Gustav, 1958, *Homo Sociologicus: Ein Versuch zur Geschichte, Bedeutung und Kritik der Kategori der sozialen Rolle*, Köln: Westdeutscher Verlag.（=1973，橋本和幸訳『ホモ・ソシオロジクス――役割と自由』ミネルヴァ書房）

岸政彦・石岡丈昇・丸山里美，2016，『質的社会調査の方法――他者の合理性の理解社会学』有斐閣.

Mead, George, H., 1934, *Mind, Self, and Society: from the standpoint of a social behaviorist*, Chicago: University of Chicago Press.（=1995，河村望訳『精神・自我・社会』人間の科学社）

Merton, Robert K., 1957, *Social Theory and Social Structure*（*revised ed.*）, Illinois: The Free Press.（=1969，森東吾・森好夫・金澤実訳『社会理論と機能分析』青木書店）

Shaw, Clifford R., 1930, *The Jack-Roller: A Delinquent Boy's Own Story*, The University of Chicago Press.（=1998，玉井眞理子・池田寛訳『ジャック・ローラー――ある非行少年自身の物語』東洋館出版社）

Thomas, W.I. & Thomas, D.S., 1928, *The Child in America: Behavior Problems and Programs*, New York: Knopf.

Thomas, W.I. & Znaniecki, F.W., 1918-1920, *The Polish Peasant in Europe and America*, Boston: The Gorham Press.（=1983，桜井厚抄訳『生活史の社会学――ヨーロッパとアメリカにおけるポーランド農民』御茶の水書房）

Weber, Max, 1904, "Die "Objektivität" sozialwissenschaftlicher und sozialpolitischer Erkenntnis", *Archiv für Sozialwissenschaft und Sozialpolitik, Bd. 19*（=1998，富永祐治・立野保男訳・折原浩補訳『社会科学と社会政策にかかわる認識の「客観性」』岩波書店）

Weber, Max, 1922, "Soziologische Grundbegriffe", *Wirtschaft und Gesellschaft.*（=1972，清水幾太郎訳『社会学の根本概念』岩波書店）

3　相互作用分析

《目標&ポイント》 個人を出発点として社会に注目するアプローチにおいては，社会が個人を形作っていく側面と同時に，個人が社会から要請される役割期待に抗うなどして主体性や創造性を発揮する側面も考察の対象とされる。この章では，役割コンフリクトやE.ゴフマンによる相互作用分析の視点，諸概念などについて解説する。
《キーワード》 役割コンフリクト，役割距離，印象操作，儀礼的無関心，スティグマ，エスノメソドロジー，会話分析

1. 役割と主体性

役割コンフリクト

前章で触れたホモ・ソシオロジクス――社会から与えられる役割をただ受け入れるだけのロボット――には還元され得ない現実の個人の主体性や創造性をどのようにとらえ，また，そのことを組み込んだうえでどのように社会を考察するのか，ということは社会学の基本的な関心の一つであり続けている。

そうした考察の手がかりの一つとなるのが，役割コンフリクト（role conflict 役割葛藤とも訳される）である。個人は社会生活の中で地位に応じた様々な役割を取得し，その役割を遂行する。しかし，個人は役割の遂行に際してしばしば矛盾に直面し悩む。これを役割コンフリクトという。役割コンフリクトはさらにいくつかの種類に分けられる。

1つ目は，役割内コンフリクト（intra-role conflict）である。これは，

個人が占める一つの地位－役割に対して，複数の役割期待がなされる状況のことである。例えば，企業の係長に対して，上司からは部下を厳しく指導することが期待される一方で，部下からは優しい指導が期待され，係長がそれらの「板挟み」になる，というような状況である。

2つ目は，役割間コンフリクト（inter-role conflict）である。個人は社会の中で複数の地位を占めるが，それぞれの地位に期待されている役割を同時に果たせないで悩む状況がこれにあたる。例えば，会社員であると同時に小学生の親である人が，日曜日に子どもの授業参観に出るつもりであったところ，急にやむを得ない理由での休日出勤を命じられてどちらを優先すべきか――親役割か社員役割か――で悩む，というような場合である。

これらの役割コンフリクトに直面した際にどのような判断を下しどのように対処するのかは自動的に決まるわけではないし，周囲が勝手に決めてくれるわけでもなく，そこではそれぞれの個人の主体性や創造性が駆使されるわけである。

2. ゴフマンによる相互作用分析

E. ゴフマンは，人々の日常的な相互作用を，演劇の俳優が演技をするのを観察するかのような視点（ドラマツルギー dramaturgy）によって考察することを試みた。彼がその対象としたミクロな相互作用の場面や領域は多岐にわたる。その中には，何か（仕事であれ雑談であれ）をするために知り合いである人々が集まってやりとりをしている場面だけでなく，電車の車内や街角などのように不特定多数の人がたまたま居合わせているだけのような「集まり」（gathering）という場面も含まれる。そのような多様な相互作用の場面を考察するためにゴフマンが用いた概念もまた多彩で，ミクロな相互作用を分析するうえで非常に様々な示唆を与えてくれる。ここではそのうちのいくつかを紹介してみたい。

役割距離

社会は個人に役割を期待する。しかし，個人は自分に期待されている役割を素朴に受け入れるのではなく，しばしばそこから距離をとる。これを役割距離（role distance）という。そして個人はしばしば，役割距離をとりつつその役割とは少しずれた役割を演じてみせる。つまり，一つの役割に没頭しきるのではなく，その役割に収まりきらないもう一つの自分を演じるのである。例えば，外科医が手術室で助手たちに軽い冗談を言うとき，外科医は手術室の雰囲気を和ませようとしていると同時に，手術に臨む外科医に一般に期待される厳粛な医師としての役割から距離をとりつつ，手術に際しても冗談をいう余裕がある程度に優秀な医者であるという自己を提示しているのである。また，ファストフード店の店員が，本社が定めた接客マニュアルに沿った対応を意識しつつも，場面に応じてわざとマニュアルにはない気の利いた対応をするのも，店員がマニュアルに示された店員役割から役割距離をとり，自身が考えるのぞましい店員役割を演じているからである。個人の主体性や創造性はときとして，こうした役割距離をとる際に発揮されるのである。

印象操作

人々は相互作用をする際，相手に自己を呈示する。そのとき行為者は，その相互作用を自分の期待に沿うようなものにするために，相手から自分がどう見えているかということにも注意を向ける。このとき，相手に与える自己の印象をコントロールすることを印象操作（impression management 印象管理とも訳される）という[1]。印象操作は，初対面の相手を安心させるための作り笑顔などのように意識的に行われる場合も

---

[1] 近年，相手の社会的評価を下げるためにその人についての否定的な情報を流したり強調したりすることを指して「印象操作」という言葉が用いられることがあるが，ここでの「印象操作」はそのような意味ではない。

あれば，「思わず眉をひそめてしまう」という仕草のようになかば無意識のうちに行われる場合もある。また，もともとは印象操作を意図してのものではなかった行為が印象操作自体が目的の行為に転じる，ということもしばしば起きる。例えば，教室での授業中に，教師の話に没頭しながら無意識に頷いていた学生が，ふとした拍子に頷きが「自分は授業を真面目に聞いていますよ」という教師に対する自己呈示の意味を持っていることに気づいて，教師に見えるように意識的に頷くようになる，というような場合である（ときには，効果的に頷くタイミングに関心が向いてしまい話の内容が頭に入って来なくなることもあるかもしれず，その場合には頷きは純粋に印象操作のための行為へと転化したということになる）。

なお，印象操作では，しばしば，笑顔をつくる，悲しみの表情を浮かべてみせる，という具合に感情表現をともなう行為がなされる。このとき，笑っている／悲しんでいるように見せるという表層的な水準ではなく，感情そのものの意図的なコントロールということがなされることがある。これは，感情社会学という研究分野において感情管理（emotion management）とよばれる行為である（Hochschild 1983＝2000）。感情社会学では，職務の一環として感情管理が要求される仕事を感情労働（emotional labor）とよぶ。感情労働の例としては，飛行機の客室乗務員や看護師，ソーシャルワーカーなどの対人サービスに携わる人々の労働が挙げられる。感情労働は脱工業化が進んだ社会において増加する新しい労働であり，その拡大が個人や社会にもたらす影響は，社会学が探求すべき現代的な課題となっている。

儀礼的無関心

社会的相互作用の場面において行為者は，ときに，相手がその場に存在していること自体は認めつつも，それ以上の特別な関心や注意を向けないことが適切であると考え，そのように振る舞う。これを儀礼的無関心（civil inattention）という。例えば，エレベーターに後から乗ってきた二人連れが口喧嘩を始めたときに，その人たちの話の内容は聞いていないふりをし，また，視線も向けないようにして行き先階の表示を見つめる，という行為や，格式張った会議で登壇者のズボンのチャックが開きっぱなしになっていても指摘をせずに気づかないふりをする，というような行為である。儀礼的無関心は，その相互作用場面に居合わせる参加者の面目（face）を潰さないようにすることで相手や自分に当惑を抱かせないように配慮する行為であるとも解釈できる。ただし，儀礼的無関心が適切であるか否か，あるいはどのような場面において儀礼的無関心が求められるのかは，その行為者が所属する集団の文化や場面によって異なる。

表局域と裏局域

人々の相互作用場面を演劇の比喩としてとらえたとき，その場面は，舞台上に相当する表局域（front region）と，舞台裏に相当する裏局域（back region）という2つの社会的空間に分けることができる。表局域は，行為者がその行為を一種の「演技」として遂行する空間であり，裏局域は演技を準備するための空間である。個人は，その行為を行う場が表局域なのか裏局域なのかに応じて行為を調整する。例えば，レストランの店内とその裏にある厨房を行き来するウェイターにとっては，客が飲食する店内が表局域，厨房が裏局域に相当する。このとき，厨房で注文をさばききれなくなってウェイターとコックとの間に殺伐とした雰囲気が広がる状況になっていても，ウェイターは店内では客に対して何事もなかったかのように振る舞う。学校であれば，裏局域である職員室では同僚相手に冗談や軽口ばかり言っている教師が，表局域である教室では厳格な教育者として振る舞う。また，表局域・裏局域という社会的空間の区分秩序は，しばしば行為者間の連携——例えば厨房内が大混乱になっていても，シェフが店内で客に接するときにはウェイターに調子を合わせて平静を装うなど——によって達成される。

スティグマ

ある社会において「好ましくないとされる差異」のことをスティグマ（stigma）——古代に奴隷や犯罪者の身体に施された烙印が語源——という。スティグマは，身体的な特徴のように可視的な場合もあれば，過去に犯罪を犯した経歴などのように可視的ではない場合もある。どのような属性がスティグマとみなされるかは「自然に決まる」ものではなく，その行為者が属する社会や集団さらには相互作用場面における他者との関係性によって決まる。例えば，同性愛者が集まる場においては同性愛者であることはスティグマとはみなされないが，同性愛者に対する偏見がある人々が集まっている場では同性愛者であることはスティグマとなる。

社会学においては，スティグマとされる属性そのものよりも，個人や集団，社会がどのような属性をスティグマとみなし，あるいはスティグマに対してどのような対処を行っているか，という点に注目が払われる。例えば，可視的ではないスティグマ（例えば過去の犯罪歴）がある人は，そのスティグマが周囲に知られることによって信頼を失うことを回避するために，自分についての情報をできるだけ開示しない，会話の場面において経歴に関する話になりそうになったらそれとなく話題を逸らすなどの情報操作——パッシング（passing）という——を行う。スティグマをめぐる人々のこうしたやりとりに注目することは，差別現象について考察する際の手がかりの一つともなる。

第二次的調整

ゴフマンは，相互作用の場面一般ではなく，特殊な環境下での相互作用の考察も行っている。その一例が，全制的施設（total institution）において施設職員と被収容者たちが繰り広げる相互作用である。全制的施設とは，「多数の類似の境遇にある個々人が，一緒に，相当期間にわたって包括社会から遮断されて，閉鎖的で形式的に管理された日常生活を送る居住と仕事の場所」であり，刑務所や精神病院の閉鎖病棟，修道院や軍隊の寄宿舎などがその例である。

全制的施設において被収容者は，施設側が組織として求める活動や役割に合わせてふるまうこと――患者は患者らしく，受刑者は受刑者らしく――を要求され，いったんはそれに従う。これを第一次的調整（primary adjustments）という。しかし，被収容者たちは，表面上は施設に従いながらも，施設職員の目を盗んで，あるいは施設が押し付けてくる制度の裏をかいたりしながら，自分の目的を達成しようと試みる。これが第二次的調整（secondary adjustments）である。例えば，刑務所が自己啓発のために読書を奨励している場合に，受刑者が仮釈放にむけて刑務所の心象をよくするために読書する気がなくても読書の申請をする，といった行為である。被収容者たちによるこうした第二次的調整は，個人としてのアイデンティティが外部から剥奪され全面的な抵抗が困難である状況下において個人はいかにして主体性や創造性を発揮しうるか，という問いを考えるためのヒントを与えてくれる。

＊　＊　＊

ここまで，ゴフマンが相互作用の分析・考察に用いた概念などをいくつか紹介してきた。ただ，ゴフマンが用いた概念は，基本的には北米社会における相互作用場面の分析を念頭において設定されており，儀礼的無関心の項で少し触れたように，あらゆる文化・社会において通用するものか，という点に関しては留保が必要である。

3. よりミクロな相互作用秩序への関心

エスノメソドロジー

ゴフマンが推し進めた，ミクロな相互作用の分析という視点をさらに徹底したアプローチもある。それが，H. ガーフィンケルによって提唱されたエスノメソドロジー（ethnomethodology）である。エスノメソドロジーでは，社会秩序は「ある」ものではなく，相互作用場面における人々の実践によってその都度つくりあげられていくものとして位置づけられる。つまり，実践によって相互作用の秩序を「人々 ethno」が自明のものとしてつくりあげているその「方法 method」を解明することが，エスノメソドロジーの関心となる。

エスノメソドロジーにおいて人々が自明としている社会秩序の作られ方を解明するために用いる方法は多岐にわたる。例えば，違背実験（breaching experiment）がある。これは，日常生活場面において人々が自明としている秩序を意図的に壊してみて，その際に人々がどのように秩序を回復しようとするかを観察・記述・分析するという方法である。例えば，ふだんから接している気心の知れた友人に対して，ある日突然，あたかも初めて知り合った人に接するかのように礼儀正しく振舞う，ということを行い，そこで何が起こるのかを観察・記述するのである。そこでは友人は，最初は当惑するかもしれないが，次第に，「こいつは記憶喪失にでもなったのか」と心配するか，人違いなのではないかといぶかしむか，あるいは，「ふざけているのか」と怒り出すかもしれない。このように，自明であったはずの秩序が突如壊れた状況に対し，人がどのような説明を与えることで秩序を回復しようとしているのかを手かがりに，親しい友人間のコミュニケーションにおいてはどのような秩序が自明なものとして作り上げられているのかを考察するのである。

会話分析

また，エスノメソドロジーからは，会話分析（conversation analysis）という研究手法も考案された。この手法では，会話などのコミュニケーション場面を記録し，詳細に分析することを通じて，人々の日常的な相互作用にどのような秩序が隠れているのかなどが考察される。図３-１は，会話分析に用いる会話トランスクリプト（会話転記記録）の例である。会話トランスクリプトでは，会話やインタビューの一般的な文字起こし（テープ起こし）とは異なり，発話と発話の間の沈黙や発話の重なり，割り込みや相づちや言い間違いなども詳細に文字化されている。会話分析ではこのトランスクリプトに示された細部にまで注目することで，会話という相互作用場面においてどのような発話の順番取りがなされているのか，誰がどのようにして会話の焦点を設定しあるいは転換しているのか，そうした発話実践によってどのような秩序がその場においてつくられているのか，さらにはそうしたミクロな実践の背後にはどのような構造や権力関係があるのか，などの事柄が考察される。なお近年では，録画機材の発達・普及に伴って，録画映像をもとに，発話に加えてしぐさなどの身体動作をも書き起こしたトランスクリプトを用いた分析が主流になりつつある。

【データ１】「構造化された質問」の例示

1	M１：	(2.0) どっか女子大とかおいでですか
		〔準備の問いかけ〕⟶ 応答
	M２：	提携じゃないけど（セキ）早稲田のサー
2	M１：	うん たとえば
	M２：	クルってのは，みんな女，他大生の女子大生の方が中は多いです。 本女(ぽんじょ)と
3	M１：	東女は遠いから
		‖ ‖
	M２：	か，あと跡見とか大妻とか東女(とんじょ)，東女はでもそんなでもないか あ～
4	M１：	応答１いや，本女と提携
		(2.0) 質問↗ ‖
	M２：	そうですね どっかと提携なさって あ～本女なんですか
5	M１：	女の子はみんな本女なんです。
		(3.0)
	M２：	東大ってでもそういうのたくさんあるでしょ
6	M１：	あ～結構多いですね
	M２：	女子大と一つだけの提携とか テニスのサークルとかよく聞
7	M１：	ん～，あ～
	M２：	きますよ。うちの女子大と，あの，東大だけでとかね，そういうの
8	M１：	いうとこって，もう提携しちゃうと他の女子大の入りこむ余地……(続く)
		応答２＝陳述（自己体験の陳述） 〔略〕
	M２：	

＊ 会話トランスクリプトの表示方法については以下のとおりである。（本女＝日本女子大学／東女＝東京女子大学）

1〕 二者間のことばの流れは，そのまま実際の会話の流れに対応している。

2〕 ‖ ：二者間の発話の重なりを示す。

3〕 ＝ ＝ ：二者間の接触発話（一方が終わると同時に相手が発話すること）を示す。

4〕 ↑ ：「割りこみ」を示す。矢印は割りこんだ方である。

5〕 （５．０）：「沈黙」を示す。数字は秒数であり，空白なものは，測定できないが，識別できる沈黙である。

6〕 —（？）—：発話しているが何らかの理由で，その内容が聞き取れなかったことを示す。

7〕 ———// ：発話がその時点で中断したことを示す。

8〕 データ中で，とくに注目をしてほしい箇所は，点数のかっこでくくったり，会話の下に下線を引いておいた。

図３-１ 会話トランスクリプトの例（出典：好井裕明 1991）

社会を作り変えるのも個人

さて，この章ではここまで，個人が社会から要求される役割期待にどのようにして対処を試みているのかについて，役割コンフリクトへの対処や相互作用分析の視点や概念を参照しながら紹介してみた。そこでは，個人は社会からの役割期待をやり過ごしたりしながらも直接には異を唱えずに，やや受動的に「処世術」を駆使する存在に見えたかもしれない。

しかし一方で，個人は，社会から要請される役割期待に対してしばしば抵抗し，その役割期待自体を変えさせようと行為することもある。例えば，戦後の日本社会では，施設で生活することを事実上強制されていた障害者の人々が，施設ではなくアパートなどの一般的な住宅での生活を求め，同じような希望を持つ他の障害者や支援者と協力して様々な抗議行動や要求行動を起こし，障害があってもアパートなどで生活を送れるようにするための様々な社会的な制度や仕組みを獲得しあるいは作り上げてきた（例えば安積ほか 2012，中西 2014）。その過程では，「障害者は施設で生活するべき」という外部からの役割期待に抗い，同志と連帯して取り組みを展開することによって，障害者へのそれまでの役割期待自体を変えさせるに至ったのである。

このように，個人と社会との関係の中には，個人が社会を作り変えていく側面もある。社会を変えようとして人々が協力して様々な行為を行う現象を，社会運動（social movement）という。社会運動は，社会が人々によって作り変えられていくという動的な側面に光をあててくれる現象であり，社会運動研究（あるいは社会運動の社会学）とよばれる社会学の分野——必ずしも個人を出発点としたアプローチばかりではないが——の研究対象となっている[2]。

---

[2] 社会運動研究においては，どのような条件のもとでどのような社会運動が発生したり盛り上がったり沈静化したりするのか，あるいは，個別の社会運動（に携わる人々）が何を目指し求めているのか，そこにはどのような意味があるのかといったことなどが探求すべき問いとして設定される。社会運動研究についての入門書としては大畑ほか（2004）を，具体的な日本の社会運動の歴史や背景についての概説書としては長谷川公一編（2020）を挙げておきたい。

参考文献

安積純子・岡原正幸・尾中文哉・立岩真也，2012，『生の技法——家と施設を出て暮らす障害者の社会学 第3版』生活書院.

Goffman, Erving, 1959, *The Presentation of Self in Everyday Life*, New York: Doubleday and Company.（＝1974，石黒毅訳『行為と演技——日常生活における自己呈示』誠信書房）

Goffman, Erving, 1961, *Asylums: Essays on the Social Situation of Mental Patients and Other Inmates*, New York, Anchor Books, Doubleday and Company.（＝1984，石黒毅訳『アサイラム——施設被収容者の日常世界』誠信書房）

Goffman, Erving, 1963, *Stigma: Notes on the Management of Spoiled Identity*, New Jersey: Prentice-Hall.（＝1980，石黒毅訳『スティグマの社会学——烙印を押されたアイデンティティ』せりか書房）

Goffman, Erving, 1967, *Interaction Ritual: Essays on Face-to-Face Behavior*, New York: Anchor Books, Doubleday and Company.（＝2002，浅野敏夫訳『儀礼としての相互行為——対面行動の社会学〈新訳版〉』法政大学出版局）

Garfinkel, H. ほか，1967，*Studies in Ethnomethodology*, Prentice-Hall.（＝1987，山田富秋・好井裕明・山崎敬一編訳（部分訳）『エスノメソドロジー——社会学的思考の解体』せりか書房）

長谷川公一編，2020，『社会運動の現在——市民社会の声』有斐閣.

Hochschild, Arlie Russell, 1983, *The Managed Heart: The Commercialization of Human Feeling*. Berkeley: The University of California Press.（＝2000，石川准・室伏亜希訳『管理される心——感情が商品になるとき』世界思想社）

中西正司，2014，『自立生活運動史——社会変革の戦略と戦術』現代書館.

大畑裕嗣・成元哲・道場親信・樋口直人編，2004，『社会運動の社会学』有斐閣.

好井裕明，1991，「男が女を遮るとき——日常会話の権力装置」山田富秋・好井裕明『排除と差別のエスノメソドロジー——［いま－ここ］の権力作用を解読する』新曜社：213-50.

4　集団・組織・官僚制

《目標＆ポイント》 複数の人間が織りなす集まりには，様々な種類がある。この章では，集団と組織の定義，所属集団と準拠集団の違い，組織の中に形成されるインフォーマル集団，組織運営における官僚制というシステムの特徴やその問題などについて解説する。
《キーワード》 集団，準拠集団，組織，インフォーマル集団，官僚制

1．集団とは

複数の人間の集合体のことを集団（group）という。社会学において集団は，２つの意味で用いられる。１つ目の意味での集団は，ある共通した特徴によって識別される人々の集合，いわば社会的カテゴリーのことである。例えば，学生，高齢者，男性，東京都民，自営業者，カトリック教徒といったものがこれにあたる。この場合の集団は，当該社会の中の一部をなす抽象的な意味での一群の人々のことを指し，その集団に所属するとされる人々が互いに知り合いであるかどうかや，その人が主観的にその集団に所属していると認識しているかどうかといったことは重要ではない。この意味での集団は，社会を分析する際の統計的なカテゴリーとしてしばしば用いられる。

これに対し，２つ目の意味での集団は，継続的に相互作用しあう人々の集まりのことを指す。この場合の集団の特徴としては，①共通の目標の設定と成員（メンバー）間での協力，②地位と役割の配分，③成員－

非成員間の境界の存在，④規則による成員の規制，⑤われわれ感情の共有，といった点が挙げられる。ただし，集団のすべてがこうした特徴を備えているとは限らず，これらのうちのいくつかのみを備えている場合もある。

第一次集団と第二次集団

また，様々な集団のうち，その成員が対面的で情緒的な絆によって結びついている集団のことを第一次集団（primary group）という。例えば，家族や近隣（いわゆる「ご近所さん」），子どもの遊び仲間などである。第一次集団は，個人の成長や態度決定に大きな影響を与える集団でもある。この第一次集団と対になるのが第二次集団（secondary group）である。第二次集団は，その目的達成のために作られている集団であり，企業や労働組合，政党や宗教団体などがこれにあたる。ただし，こうした区分はあくまでも理念的なものであり，現実に存在する第二次集団は，第一次集団としての性質を兼ね備える場合——例えば零細企業の労働組合の組合員同士が情緒的にも強くつながっている場合——もある。

所属集団と準拠集団

個人は様々な集団に所属しながら日々の生活を送っている。個人は，所属する集団において共有されている価値や定められた規則（規範）に従って思考し行為することをしばしば求められる。しかし一方で，個人は，ときには自分が所属している集団ではない集団に照らして自らの状態を評価したり自分の行為を方向づけたりする。このとき参照先とされる集団のことを準拠集団（reference group）という。

準拠集団の概念は，第二次大戦中にS. A. ストウファーらがアメリカ兵について行った調査結果をR. K. マートンがさらに掘り下げて考察する過程で理論化された。この調査では兵士の態度や意識などについて様々な調査が行われたのだが，その中には意外な結果も含まれており，その意外な結果が準拠集団のヒントとなった。一例を挙げると，この調査が行われた時，航空隊員は憲兵隊員に比べて昇進がずっと早かった。しかしながら，昇進に関する満足度を，（同じ学歴・階級の）航空隊員と憲兵隊員とで比べると，航空隊員のほうが満足度が低かったのである。客観的にみれば，航空隊員のほうが昇進が早くなる傾向にあるのだから満足度が高くなりそうであるのにそうはなっていなかったわけである。実はこの違いは，それぞれの隊員がどのような集団と自分の境遇を比較しているかに起因していたのである。憲兵隊では，同じ学歴の隊員の中で下士官に昇格できない人が8割程度であるのに対し，航空隊では半数程度が昇格していた。憲兵隊員は，昇格できない人々を自身の比較対象として“昇格できないことはよくあることだ”と感じていたのに対し，航空隊員は，自分と同程度の学歴なのに昇格した人々と自分とを比べることで“自分は昇格できていない”と感じ不満を募らせていたのである。このとき，憲兵隊員は，自身が所属する（ヒラの）隊員集団を準拠集団としていたのに対し，航空隊員は，自らが所属したいと思ってはいてもまだその中に入れていない，下士官の集団を準拠集団としていたのである。

このように，第三者が一見したところでは恵まれている（あるいは妥当な境遇に置かれている）ように見えても，その当人にとっては十分な報酬が与えられていない（あるいは満足いく境遇が与えられていない）と感じる，という状況がある。こうした状況を相対的剥奪（relative deprivation）という。この相対的剥奪感は，その人が期待している報酬などの水準と現実に充足されている水準との落差についてどのようにその人が認知するかによって左右され，充足水準が期待水準を下回ると認知された場合に生じる。

例えば，学生Aさんがアルバイト先の飲食店で，店長から働きぶりを認められてリーダーに昇格し時給が900円から950円に上がったときに，その職場のアルバイト店員たちを準拠集団とするとき，Aさんには相対的剥奪感は生じない。しかし，友人Bさんがアルバイトする別の飲食店では最低時給が1050円であることを知りその飲食店のアルバイト店員たちを準拠集団とするときには，Aさんには相対的剥奪感が生じるのである。

なお，準拠集団は，ここまで述べてきたようにその人が自分の境遇を評価するための基準点となる場合（比較準拠集団という）もあれば，積極的にそこに所属したいと考えその価値や規範を身につける対象となる場合（規範的準拠集団）もある。例えば，司法試験に合格して弁護士になりたいと思っている学生Cさんが，司法試験に向けて勉強することに加え，弁護士によく読まれている専門雑誌を購読したり，弁護士会が主催する新しい法制度についての勉強会を聴講に行ったりする，という場合，Cさんは，まだ所属はしていないがいつか所属したいと考えている弁護士の人々を準拠集団とし，弁護士であればそうすべきだと考える規範に従おうとしているのである。

このように，所属したいと望む準拠集団の価値や規範を先取りして身につけ（ようとす）ることを，予期的社会化（あるいは社会化の先取り anticipatory socialization）という。予期的社会化は，個人がある集団から別の集団への移行を準備する行為であるとも言えるが，現在の所属集団にとってはマイナスとなることもあり得る。

2. 集団と組織

組織とは

集団と近い概念に，組織（organization）がある。組織とは，特定の目的や目標達成のために人々の行為を統制し調整するシステム（体系）のことを指すが，同時に，そうしたシステムを備えた集団のことも組織という。この場合の組織――地方自治体，企業，学校，町内会，労働組合，草野球チームなど――は，集団の一種である。

そして，集団はしばしば組織へと変化する。例えば，たまたま趣味が合う，ということで集まった仲良しグループ（つまり集団）のメンバーが，何らかの達成したい目標を共有していくようになり，サークル（組織）を設立して，その目標達成のためにリーダー，記録係，広報係，会計係といった具合に役割を決めて成員間で仕事を分担する，といった具合である。

組織とインフォーマル集団

国や自治体，企業などのように，目的や規則などが明示され計画的に運営される（フォーマルな）組織の内部には，集団が自発的に形成されることがある。これをインフォーマル集団（informal group）という。インフォーマル集団は，組織の意図によってではなく個々人の意志によってつくられるものであるが，組織の活動にも大きな影響を及ぼす。インフォーマル集団の「発見」に大きな役割を果たしたホーソン実験（Hawthorne Experiments）を例に解説してみよう。

ホーソン実験は，G. E. メイヨーらによって，1924年から1932年にかけてシカゴの郊外のホーソンにある大手電器メーカーの工場で，どのような環境が工員の作業能率を高めるのかを明らかにするために行われた様々な実験と調査の総称である。ある実験では，工場の照明の明るさを変えた場合に作業能率がどうなるかが調べられたが，その結果では，照明を明るくしても暗くしても作業能率は高まった。また別の実験では，賃金，休憩時間，軽食，部屋の温度・湿度など条件と作業能率の関係が調べられたが，その結果は，どのように変更を行っても実験が進むにつれて作業能率が上昇する，というものであった。一方で，さらに別の実験では，労働者の能力差は，作業能率を直接には左右していなかった。こうしたことの原因を調べるために延べ2万人以上の労働者に対して行われた面接調査や労働現場の観察の結果から明らかになったのは，作業効率は，単なる物理的な条件ではなく，工場内に非公式に形成される集団（すなわちインフォーマル集団）の動向によって左右されるということであった。例えばある調査では作業が進むうちに現場内に少人数のインフォーマル集団ができたことによって個々人の作業意欲が上昇して作業能率が上がった。また別の調査では，インフォーマル集団内で“働き過ぎるな，しかし給料を減らされるほどには手を抜くな，職長たちに告げ口するな”という規範が共有されていたために，一定程度以上には作業能率は上がらない，という状況が生じていたのである。この後者の例では，インフォーマル集団は，その内部の利益を最適化（最小の労力で最大の賃金を得る）しつつ，その利益を外部（職長以上の管理職の人々）から守る，という役割を果たしていたわけである。

このように，組織内につくられるインフォーマル集団は，組織の目的達成を促進する役割を果たす場合もあれば阻害する役割を果たす場合――組織内での「派閥争い」を思い浮かべてみてもよいだろう――もあるため，産業社会学（industrial sociology）や人間関係論（human relations approach）とよばれる分野では，重要な考察対象の一つとなっている。

3. 官僚制組織

官僚制とは何か

先に触れたように，組織は特定の目的達成などのためのシステムを備えた集団であるが，大規模で複雑な組織においては，その管理・運営のためのシステムは合理的である必要がある。このシステムを官僚制（bureaucracy）という。現在我々が日常的に官僚制という言葉を用いるとき，しばしば，“形式ばかり重視して融通が効かず非効率”といったような負のニュアンスが含意されていたりする。そうした負の側面は，具体的な個別の官僚制組織に注目したときにはあてはまる場合もあるが，官僚制を導入している組織がすべて非効率であるわけではないし，そもそも非効率しかもたらさないのであれば，官僚制という仕組みを取り入れる必要はない。効率的な組織運営にとって一定の合理性をもつからこそ，少なからぬ組織において官僚制が導入されてきたのである。また，官僚制で運営されている組織の最たるものは政府や地方自治体であるが，民間組織でも多くの企業や法人が官僚制によって運営されている。

近代官僚制の特徴

では，そもそも官僚制とはどのようなシステムなのだろうか。M. ヴェーバーは，近代官僚制の特徴として次のような点を挙げている。すなわち，（1）明文化され一般化された規則に基づき部署やその構成員それぞれの権限が設定されている。（2）部署間，構成員間に上下のヒエラルヒー[1]（独：Hierarchie）的秩序が存在している。（3）文書に基づいて職務が執行される。（4）専門知識に応じた職務分担があり，そのための教育が組織内でなされる。（5）公私の分離がされている，という点である。以下，順に解説していこう。

1　ヒエラルキー，ハイアラーキー（英：hierarchy）ともいう。

まず（1）の特徴――明示的な規則と権限設定の存在について。組織一般では，その目的を達成するために人々は協力をして仕事をする。官僚制ではない組織，例えばワンマン店長が運営する飲食店のような小規模な組織であれば，仕入れ，調理，接客，会計など店の様々な仕事について店長がすべて把握したうえで自らの判断で決定をして従業員に指示を出す，という形でもなんとかなる。しかし，組織の規模が大きくなり，また組織の事業内容が多様化・複雑化してくると，経営者があらゆることについて自ら把握をして決定するということは困難になる。一方で，決定権があいまいなままで各人に判断を委ねてしまうと，各人が好き勝手に物事を決めて思い思いのやり方で仕事をしてしまい収集がつかなくなるし，仕事に重複が生じたり抜けが生じたりして効率も悪い。そこで，官僚制組織においては，組織の規則や規程を文書にまとめることで，仕事の仕方や権限を明確化する。例えば，「決裁規程」を通じて，どのような意思決定の権限が誰（あるいは組織の中のどの部署）にあるのかを明確にし，また，「就業規則」や「服務規程」を定めることによって構成員の働き方，仕事のやり方をはっきりさせるのである。

次の（2）部署間・構成員間のヒエラルヒー的秩序とは，例えば，組織が局，部，課，係といった各部署によって階層的に構成されていて，構成員にも職位（局長，部長，課長，係長，係員など）が与えられて組織の中に階層的に位置づけられている，ということである（図 4-1）。こうしたヒエラルヒー秩序の下で，下位の部署やその成員は，上位の部署や上司の指示や命令に従うことを求められる。

（3）文書による職務執行という特徴は，組織の様々な意志決定の過程を文書記録[2]に残し，誰がどのような根拠に基づいて意思決定を行っ

2　近年では，文書を紙ではなく電子ファイルとして残す場合もある。なお，民主主義という政治体制においては，官僚制組織である行政府が文書を記録に残すということは，単に業務遂行の効率性という観点から重要であるだけではなく，その決定過程について，行政府の外部にいる市民が後から検証できるようにする――例えば何か失敗が生じたのであればどの段階で誰がなぜどう判断を誤ったのか――という透明性の観点からも重要となる。

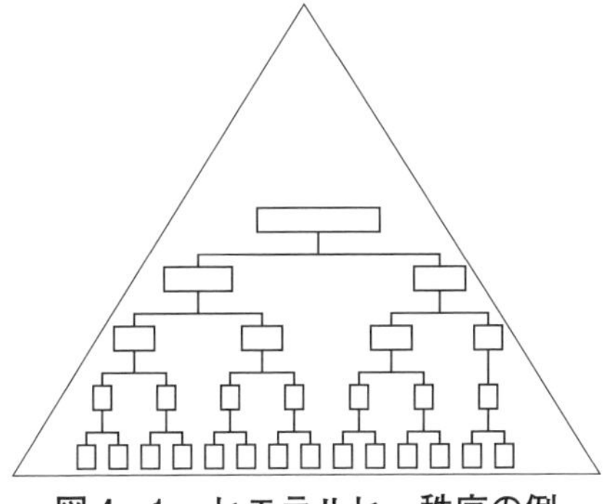

図4－1　ヒエラルヒー秩序の例

たのかを明確にする，ということである。官僚制組織では，業務の遂行にあたり「起案書」や「稟議書」とよばれる書類が作成され，それをもとに稟議・決裁が行われた上で業務が遂行される。例えば図4－2は起案書の例である（起案書の様式は組織ごとに定められているが，ここではとある自治体の様式を一部改変したうえで架空の内容を記載した）。図中の中程，「起案者」の欄に，この文書の作成担当者（同時に，この業務の実務担当者を兼ねることも多い）の所属部署名などが記載され，下段部分そしてさらに次のページ以降に，遂行する業務のより具体的な目的や内容，見込まれる経費などが記載される（ときには「別紙」という形でより詳細に業務内容が記された書類が添付される）。「起案」のすぐ上の「決定権者」という欄には，この業務の遂行についての決定権限を持つ者が誰か（この場合は福祉局長）が記されている。また，左上欄に「文書記号・番号」という欄がある。ここに，この組織として作成する起案書の通し番号（この場合「22福人総第11号」。また，この番号のつけ方もこの組織の規程で別途定められている）が記入される。そして，この文書が作成されると，中段に並んでいる審議担当者等に下位の職階の職員から順に回付される。各職員は，文書に記載された内容を吟味し，

第５号様式甲（第 20 条関係）　　　　※記入内容は架空の例

保存期間	５ 年	分類記号	Ａ	引継ぎ

文書記号・番号	２２福人総第１１号			処理経過	施　行	２０２２年４月４日
文書の取扱い	局外秘	上の注意　回付・施行	至急		決　定	２０２２年４月１日
					施行予定	２０２２年４月４日
					起　案	２０２２年４月１日
先方の文書	年　月　日　第　号				収　受	年　月　日

あて先		発信者名		浄書照合	公印照会・押印	発　送

決定権者	知　局　部　課	件名	２０２２年度新任職員研修の実施について
	福祉局長		

起案	福祉 局 / 総務 部（所） / 人事 課	起案者　事務担当者　福祉 太郎 印　電　話＊＊＊＊－＊＊＊＊	審査	文書課長 印	文書主任 印	文書取扱主任 印

審議	副 知 事	主 管 局 長 印	主管部長 印	主管課長 印	主管係長 印

協議 決定後供覧	

２０２２年度新任職員研修について、下記の通り実施する。

１．研修名

２０２２年度新任職員研修

２．開催日時

２０２２年４月４日（月）９時～１７時１５分

（実際の文書では次ページへと続く）

図４－２　起案書（稟議書）の例

問題があれば担当者等に見直しを命じ，問題がないことが確認できれば（承認を意味する）押印をして上位の権限者に送る。そうした承認を経た上で決定権者が決裁の押印をすると，右上の「決定」欄に決定日が記入され，実際の業務が遂行されるのである。あらゆる業務遂行に際してこうした起案文書が作成されるとは限らず，もっと簡易な方法で稟議や決裁がなされる場合もあるが，いずれにしても，その業務が組織としてどのような意思決定を経てなされたのかが文書として記録されるのである。

（4）専門的職務分担とは，官僚制組織においては，構成員にはそれぞれに専門知識に応じた職務を分担することが求められるということである。それゆえに，ある職務を分担させるために官僚制組織は，組織が必要とする範囲での教育として，職員を研修会に参加させたり，OJT（On the Job Training 実務をさせながらの訓練）を行ったりするなどして，必要な知識や技能を習得させるのである。

（5）公私の分離とは，（組織の構成員としての活動という意味での）公的な活動と私的な活動，あるいは（組織の）公的な財産と私的な財産などを明確に区別する，ということである。例えば，組織の一員として職務遂行をすることが定められている時間に私的な趣味の本を読むことや，職務遂行の過程でミスをして生じた組織の損金について勝手に自分の（私的な）お金で補填をすることは，公私の分離に反しているので不適切な行為とみなされる。

4. 官僚制と合理性

官僚制の強固さ

ヴェーバーは，近代化の過程を，社会の隅々にまで合理化が浸透する過程であると考えた。ヴェーバーにとって官僚制とは，組織の管理・運営を合理的に行うためのシステムであり，その意味では，近代化の進展とは，社会の様々な組織が官僚制組織へと変化していく過程でもあった。

そしてまた，官僚制というシステムは「ひとたび完全に実施されると，破壊することのもっとも困難な社会形象の一つとなる。〔……〕合理的に秩序づけられた官吏制度は，敵が領土を占領するばあいでも，最高幹部のすげかえが行われるだけで，何の支障もなくそのまま作用しつづける」（Weber 1922＝1987）。

組織の構成員になってその役割を果たすことを指して「組織の歯車になる」と表現されることがあるが，こうした表現が最もよくあてはまる組織が官僚制組織である。官僚制組織では，個人は，組織の目的達成や組織の維持の役に立つのか否かという規準によって評価される。その人の性格や個性それ自体は官僚制組織にとっては基本的にはどうでもよい。退職や業務拡張等によって成員に不足が生じた場合には，必要な人を採用試験などの選抜を行いつつ「人材」として調達し必要に応じて育成することで，組織運営は継続される。数十年経って，その組織の設立時に在籍していた人が全くいなくなっても組織自体が残るのは，官僚制がこのように人格性を廃した（すなわち非人格的な）システムであるためであり，その意味において官僚制組織は，いったん動き出すと止まることのない機械のようなものなのである。

官僚制がもたらす問題

官僚制というシステムは，理念型としては，業務遂行の正確性などの技術的な点において優れているとされる。しかしながら，実際に存在する官僚制組織については，様々な問題点も指摘されてきた。

例えば，官僚制組織では，文書を作成しそれに基づいて業務を行うことが求められる。本来は文書はその決定過程などを記録しつつ，業務を正確かつ迅速に進めるための手段なのだが，文書を緻密に作成することに重きが置かれて時間がかかり，実際の業務遂行が遅れたりおろそかになったりしてしまうという，手段と目的の転倒（手段の自己目的化）が生じることがある。また，官僚制組織では規則に則った業務遂行が求められるが，規則自体に不具合があり組織の目的達成にとって規則自体が阻害的であった場合でも，その規則に則ることが最重視されるという形式主義がまかり通ってしまうこともある。また，官僚制組織では部署によって専門的な業務分担がなされるが，各部署が自らの業務や利害以外に関心を持たないことで組織全体としての目的達成が阻害されるということもしばしば起きる。

組織の目的達成において優れているはずの官僚制がもたらすこうした問題について，ヴェーバーは，実質的な合理性に対して形式合理性（独：formale Rationalität 目的の価値や中身を問うことなく行為や思考の経過を技術的に正確に計算する姿勢）を対置してその落差を問題とし，以降も様々な社会学者が考察を行っている。例えばマートンは，このような組織の目的に照らした際に官僚制が阻害的な役割を果たすことを「官僚制の逆機能」とよび，それが生じる条件を探っている。

また，官僚制組織は，その目的達成の成否とは別の位相で，より深刻な問題をもたらすこともある。官僚制組織では，その成員は組織の目的達成に照らして合理的な行為をすることが求められる一方で，組織の目的の妥当性や合理性自体を問うことは求められない。そうした性格がもたらした極限的事態が，第二次世界大戦下におけるナチスによる数百万人のユダヤ人の大量虐殺（ホロコースト）であった。ホロコーストの遂行に携わった人物の一人であるアドルフ・アイヒマンは，戦後に裁判のために行われた取り調べにおいて，自分は所属していた官僚制組織の規則に淡々と従って（ユダヤ人を強制収容所に移送するという）業務を遂行しただけであると主張した。ここで問われているのは，「機械」としての官僚制に対し個人は「歯車」以外にどのような形で向き合うことができるか，ということである。

複雑化が進み人々の多様な連携や協力が必要とされる現代社会において，官僚制とは別の組織のあり方（例えば成員間に固定的なヒエラルヒーを設けないネットワーク型組織など）が模索されてはいるものの，それが官僚制に完全にとって代わるということは考えにくい。官僚制の正の側面だけでなく負の側面をも直視するとともに，それを克服するための糸口を探すこともまた，社会学の課題である。

参考文献

Lang, Jochen von, 2001, *Das Eichmann-Protokoll, Propyläen Taschenbuch, 2, Auflage*.（＝2017，小俣和一郎訳『アイヒマン調書――ホロコーストを可能にした男』岩波書店）

Merton, Robert K., 1957, “Contribution to the Theory of Reference Group Behavior”, *Social Theory and Social Structure (revised ed.)*, Illinois: The Free Press.（＝1969，森好夫訳「準拠集団行動の理論」森東吾・森好夫・金澤実訳『社会理論と機能分析』青木書店：151-369）

進藤勝美，1978,『ホーソン・リサーチと人間関係論』産業能率大学出版部.

Weber, Max, 1922, “Bürokratie”, *Wirtschaft und Gesellschaft*, Tübingen: Verlag von J.C.B. Mohr: 650-78.（＝1987，阿閉吉男・脇圭平訳『官僚制』恒星社厚生閣）

5 パーソナル・ネットワークとソーシャル・キャピタル

《目標&ポイント》 人々のつながりの中には，組織や集団のようには必ずしも外縁が明確ではないつながりもある。社会学はそうした不定形のつながりもまた，研究の対象としてきた。この章では，集団に限られない人間関係の束であるパーソナル・ネットワークについての研究やその代表的な研究事例である転職に関する研究，さらに，パーソナル・ネットワーク研究とも関連が深いソーシャル・キャピタル概念とそれを用いた研究の視点などについて概説する。

《キーワード》 パーソナル・ネットワーク，弱い紐帯・強い紐帯，ソーシャル・キャピタル

1. パーソナル・ネットワーク

ネットワークとは

第4章では，複数の人間が織りなす関係として集団と組織を取り上げた。ただ，人と人が取り結ぶ関係は，必ずしも集団のように外部との境界が明確なつながりばかりではない。例えば，携帯電話のアドレス帳に登録されている人には，自分と同じ集団に所属している人や所属していた人ばかりでなく，様々なきっかけで知り合った人も含まれているのではないか。このような，人々のあいだの必ずしも集団には回収されない多様なつながりについて考察しようというのが，パーソナル・ネットワーク論の視点である。

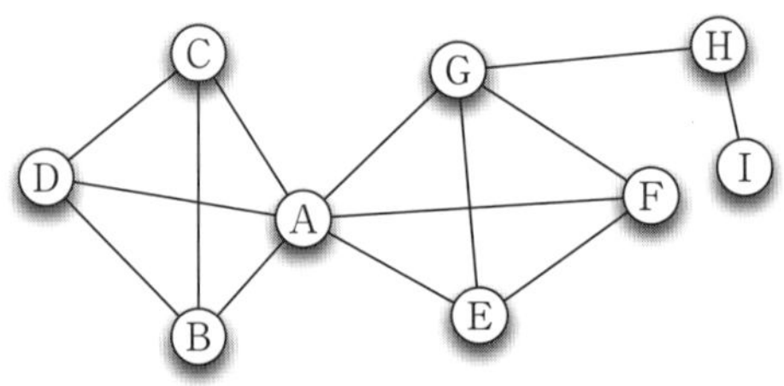

図５－１　ネットワーク

そもそもネットワークとは，一般には要素と要素の関係の束のことをいう。図５－１はネットワークを表す図の例である。一つ一つの円がこのネットワークを構成する要素（ノード node という）であり，円と円の間の線はそれらの間につながりがあることを示す。この例の場合，ＡとＢＣＤ，ＧＥＦとの間にはつながりがある一方で，ＡとＨ，Ｉとの間にはつながりがない。また，ＡＢＣＤ，ＡＧＥＦは直接につながった塊（クリーク clique という）を形成している。

何をその要素として設定するかによって様々なネットワークを考えることができる。例えば，企業を要素として考えれば企業間ネットワーク，国を単位とすれば国家間のネットワークであるし，コンピュータを要素としたネットワークを考えることもできる。このように様々に考えうるネットワークのうち，組織や集団や個人を要素とするネットワークのことを総称して社会的ネットワーク（ソーシャル・ネットワーク social network）とよび，その中でも個人を要素とするネットワークのことをパーソナル・ネットワーク（personal network）という。

ネットワーク分析のアプローチ

ネットワークの構造を明らかにする際のアプローチには，ネットワークの全体をいったん捉えた上で，その内部の構造に迫っていくという，ソシオセントリック・ネットワーク（socio-centric network）に注目する方法と，特定の構成要素に注目してそこからどのようなネットワークが広がっていてそこにどのような構造があるのかを掘り下げていくというエゴセントリック・ネットワーク（ego-centric network）に注目する方法の2つがある。前者では，例えば企業のある部署をネットワーク全体として設定した上で，その部署内の職員の間にどのようなつながりがあるのか――誰と誰が昼食を一緒にとる間柄なのか，あるいは孤立している人は誰であるのか，それらのつながりは課や係の構成などと関連しているのかどうか，などが考察の対象とされる。これに対し後者では，例えばある個人Aさんの友人・知人関係はどのような人によって構成されているのか――職場関係の人が中心なのか学生時代の友人なのか，あるいは，その友人・知人はお互いに知り合いであるのかどうかや，それぞれの友人関係がAさんにどのような影響を及ぼしているのかなどが考察の対象とされる。

このように，ひとくちにパーソナル・ネットワークの分析といってもその方法も目的も一様ではなく，研究も多岐にわたっている。次節では，パーソナル・ネットワーク研究の具体的な例として，転職に関する非常に著名な研究を紹介してみたい。

2.「弱い紐帯の強さ」

どのような転職が成功するのか

私たちは人間関係と聞くと，ついつい親友などの強い紐帯（ちゅうたい）（つながり）にばかり注目しがちであるが，弱い紐帯が個人に様々な影響を与える可能性について注意を促したのが，M.グラノヴェッターによる転職の研究である。彼は，転職が頻繁であるアメリカ社会において，どのような転職が成功するのか，という点について，パーソナル・ネットワークに注目して考察した。具体的には，1970年に，ボストン郊外居住者のうち，転職した専門職・技術職・管理職の人々に対して質問紙とインタビューによる調査を行った。調査の結果，求人広告や公私の職業紹介事業者などのフォーマルな手段を介して転職した人と知人を介して転職した人との比較では，知人を介して転職した人のほうが転職後の満足度や収入が高くなる傾向にあることが分かった。また，知人を介して転職をした人に対しては，転職した時期にその知人とどのくらいの頻度で会っていたか，つまり紐帯の強さなどを尋ねているが，その結果，転職した人の多くは，頻繁に会っている知人よりもそうでない知人を介して転職をする傾向にあった。「常識」的な感覚では，頻繁に会っている親しい人のほうが自分のことをよく気にかけてくれて，より有利な転職話を持ってきてくれそうに思えるのだが，調査の結果はむしろ逆であったわけである。この結果をグラノヴェッターは「弱い紐帯の強さ」とよんでいる。

なぜ弱い紐帯が強いのか

「弱い紐帯の強さ」が生じる理由についての説明に際し，グラノヴェッターはまず，ネットワークのブリッジ（橋渡し）に注目する。図5－2を見てほしい。このネットワークの中で，ＡＢＣ，ＤＥＦはそれぞれ相互につながった集団を形成している。そして，この２つの集団を

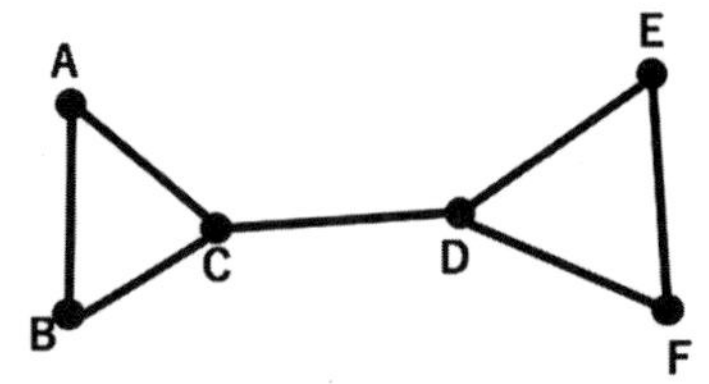

図５－２　ネットワークのブリッジ

つないでいるのがＣとＤの間の関係である。このように，集団と集団の間をつなぐ位置にある紐帯を，ブリッジ（橋渡し）とよぶ。

Ａ～Ｆのそれぞれが持っている情報がこのネットワークに示されているつながりを通じて流れると仮定した場合，Ｃは，自らが所属している集団のＡやＢからだけでなく，ブリッジを経由して，自分が所属していない集団の成員であるＥやＦからの情報も得られる位置にあり，情報入手の豊富さという点においてＡやＢよりも有利である。このことは，ＤをＥやＦと比較しても同様である。つまり，ブリッジとなるような紐帯を持っている人ほど，情報入手において有利なのである。

では，ブリッジとなるような紐帯はどのような性質をもつのか。グラノヴェッターは，ブリッジとなる紐帯は原則的に弱い紐帯であるという。なぜか。ある時点において図５－３のような関係が存在するとき，Ｘ－Ｙ間，Ｘ－Ｚ間の関係が強い紐帯――例えば頻繁に会うような関係――である場合，時間の経過とともに，ＸとＹがやりとりをする機会とＸとＺがやりとりをする機会が重なるなどして，ＹとＺが知り合いになる，つまりＹ－Ｚ間にも紐帯が形成されていく可能性が高い。Ｙ－Ｚ間に紐帯が形成された場合，Ｘ，Ｙ，Ｚは相互につながったクリーク＝集団となるため，Ｘ－Ｙ，Ｘ－Ｚ間の紐帯はブリッジにはならない。しかし，仮にＸ－Ｙ間が弱い紐帯である――例えばごくたまにしか会わない関係

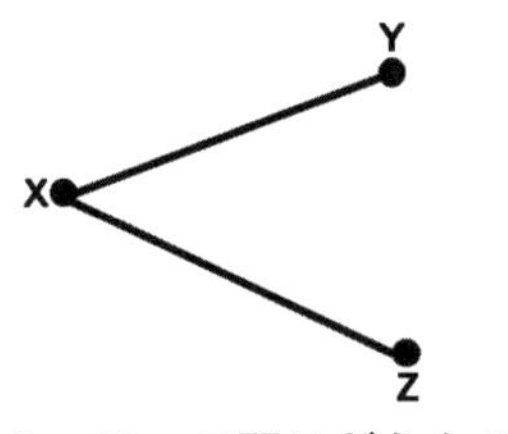

図５－３　Ｙ－Ｚ間はどうなるか

である——場合には，Ｙ－Ｚ間に紐帯が形成される可能性は相対的に低い。このときＸ－Ｙ間は，Ｘが所属していてＹが所属していない集団と，Ｙが所属していてＸが所属していない集団との間をつなぐブリッジ（図５－２でいえばＣ－Ｄ間）となる可能性が高いのである。

転職の例に戻ると，転職に有利な希少性の高い情報は，その人が日常的に接触している集団からよりもその外部に広がっているより多様なネットワークからのほうが得られる可能性が高く，また，そのような情報をもたらすブリッジとなる紐帯は弱い紐帯である。それゆえに，頻繁に会っているわけではない知人を通じて転職する人が多く，さらに，広告や職業紹介事業者で得られお金を払えば誰でも入手できるより希少性の低い情報を通じた転職よりも，知人を介した転職のほうが成功する，というのがグラノヴェッターの説明である。

「弱い紐帯の強さ」説の評価

このグラノヴェッターの研究は，その結果の意外性もあって大きな注目を集め，後に様々な研究者による検証が日本でも行われているが，その結果は必ずしもグラノヴェッターの説を支持するものではなく，また一様でもない。例えば，渡辺深は1985年に日本の転職者を対象に行われた調査の結果を分析しているが，その結果としては，弱い紐帯を通じた転職が望ましい転職結果（年収の変化や満足度）をもたらすという関係は見られず，ホワイトカラー労働者の場合はむしろ強い紐帯を通じた転職のほうが有利である，ということが明らかとなった。その要因として渡辺は，当時の日本の転職慣行において，転職の仲介は転職者の人柄や能力を保証するという口添えのような意味合いを持つため，転職者のことをよく知る人による紹介は転職者に有利に働くことなどを挙げている（渡辺 1991）。一方で，さらに時代が下っての調査研究によれば，そもそもネットワークを通じた転職自体が減少しているという調査結果（渡辺 2014）や，ネットワークを通じた就職や転職が地位の上昇や収入増に結びつくという地位達成効果は見られない，という研究結果も報告されている。他方で，血縁関係というネットワークを通じた就職・転職には，長く働き続けられる勤務先の紹介という「マッチング効果」や，倒産や解雇などに遭遇した際の安定した再就職先の紹介という「セーフティネット効果」が見られるという結果も出ている（石田 2012）。

このように，転職（あるいは就職）に関するものに限っても，国や時期によって様々な調査結果が報告されており，また，その違いをどのように説明するのかについても，労働市場の動向や雇用・転職慣行，その他の文化的要因など様々である。さらに，（これは転職へのネットワークの効果の検討の場合だけに限らないが）ネットワークの具体的な分析に際し，どのような指標を設定して調査・分析を行うのが適切なのかについても様々な議論がある。例えば，グラノヴェッターの場合，紐帯の「強弱」は実際に会う頻度（接触頻度）によって測定されているが，インターネットや携帯電話が普及した今日において対面での接触頻度を指標とするのが最適なのかどうかは，研究の目的に照らして吟味される必要がある。また，転職の評価指標についても，先ほど少し触れたように，転職後の満足度や賃金の上昇といった地位達成の程度に直接関わるものだけが唯一の指標なのでもない。

このように，グラノヴェッターの「弱い紐帯の強さ」説は，パーソナル・ネットワーク一般にあてはまる普遍的な説として実証されたものではない。しかし後の研究者にその検証や掘り下げを促しパーソナル・ネットワーク研究の展開の糸口を作ったという意味で，優れた研究の一つとなっているのである。

3. ソーシャル・キャピタル

ソーシャル・キャピタルの 2 つの側面

パーソナル・ネットワークやソーシャル・ネットワークと関係が深い概念にソーシャル・キャピタル（social capital）がある。ソーシャル・キャピタルとは，社会を構成するアクターである組織や集団，個人が他のアクターと取り結ぶ関係やそのことによって得られる様々な資源や利益，価値の総体のことをいう。ソーシャル・キャピタルは，「社会資本」と訳されることもあるが，道路や橋などの社会的共有財のニュアンスが強くなり過ぎるため，近年では「社会関係資本」あるいは「ソーシャル・キャピタル」とそのままカタカナ表記されることが一般的になりつつある。

ソーシャル・キャピタル概念を用いた研究の視点は，大きくは，ソーシャル・キャピタルを特定の行為者に属する財（個人財）とみなす視点と，集団や地域社会に属する財（集合財）とみなす視点に分かれる。

個人財としてとらえる視点の例としては，前節でみた，転職にパーソナル・ネットワークが与える効果の研究などを挙げることができる。また，個人財の視点を採用するN. リンは，行為者は良好なソーシャル・キャピタルを獲得し活用することで良い結果を得る，という前提を置いた上で，いくつかの命題を立てる。それは例えば，“初期の地位がよいほど，行為者はよりよいソーシャル・キャピタルを獲得しやすくまたそれを用いやすい”という命題や，“紐帯が強いほどソーシャル・キャピタルは表出的行為を成立させやすくする”逆に“紐帯が弱いほど異質なソーシャル・キャピタルへのアクセスがしやすくなる”などの命題である（Lin 2001＝2008）。これらの命題の妥当性や当否については様々な検討がなされているところなのでこれ以上の深入りはしないが，行為者からみてどのようなネットワークがソーシャル・キャピタルとして行為者にとってプラスの効果をもたらすのかや，どのような条件のもとでソーシャル・キャピタルは獲得されたり使われたりするのか，といった点などがソーシャル・キャピタルを個人財としてとらえる場合の研究課題となっている。

一方で，ソーシャル・キャピタルを集合財として捉える視点では，ある集団（組織や地域社会など）に蓄積されているソーシャル・キャピタルの量がその集団にどのような効果をもたらすのか，ということが基本的関心となる。例えば，J. S. コールマンは，高校生に関する調査データなどをもとに，ソーシャル・キャピタルの量――家族内での親子の関係に加え地域社会内での親同士のつながりなど――が子どもや若者の成長に影響を与えていることを指摘する（Coleman 1988＝2006）。

また，ソーシャル・キャピタルの集合財としての側面に注目するR. D. パットナムは，2000年に『孤独なボウリング』を著し大きな注目を浴びた。パットナムは，20世紀後半のおよそ30年間のアメリカ社会を対象に，様々な調査結果の考察を通じて，教会や労働組合，草野球や地域のボウリング大会などのインフォーマルな社交活動やボランティア活動などへの参加者の減少という形でソーシャル・キャピタルが急減し，教育や児童福祉，健康や幸福感，さらには民主的制度のパフォーマンスなどの様々な面に負の効果をもたらしていることを指摘し，ソーシャル・キャピタルを再度豊富化させることの必要性を強調する（Putnam 2000＝2006）。

ソーシャル・キャピタルの構成要素

ソーシャル・キャピタルの構成要素としては，しばしば，ネットワーク，信頼性規範，互酬性規範の3点が挙げられる。パットナムによれば，信頼や互酬性は一般的に「美徳」とされるものであるが，それが人々の密なネットワークに埋め込まれていることがソーシャル・キャピタルとして効果を発揮する条件であるという（Putnam 2000＝2006)。例えばある地域において，他者を信頼し，誰かに何かしてもらったらお返しをするのが当然という「お互い様」意識を持っている「良い人」がおおぜいいたとしても，その人たちがそれぞれ孤立している場合には，その社会のソーシャル・キャピタルは豊かとは言えない，というわけである。

また，ネットワークを構成するつながりの種類としては，結束型（bonding）と橋渡し型（bridging）という区分がよく挙げられる。結束型のつながりとは，集団の成員の結束を促すような密なつながりであり，成員にアイデンティティの安定をもたらすなどの精神的な支えとなる。その一方で結束型のつながりは関心が集団の内部に向かうため，排他的指向と表裏一体の関係にある。他方，橋渡し型のつながりは，先にみたパーソナル・ネットワークにおける弱い紐帯にほぼ相当し，集団の外部にある新たな情報の伝達経路となったり，集団同士の連携をもたらす経路となったりする。この結束型と橋渡し型という２つの型は，どちらかが絶対的に優れているという類のものではないため，どのような集団やどのような条件下においてどちらの型が重要な役割を果たすのか，という具合に考えたほうが生産的である。

ソーシャル・キャピタル概念を用いた実証研究では，これらのソーシャル・キャピタルの構成要素を念頭においた調査項目が設定されたうえで集団や地域社会のソーシャル・キャピタルの量の測定などが試みられている。ただ，どのような質問によってどのようにそれらを測定するのかについては，まだ模索の途上である（例えば，どのような活動への参加頻度を測るのか，信頼性規範を近所の人のような顔の見える人を信頼する程度で測るのか，それとも世の中の人一般について信頼できると考えている程度で測るのかなど)。

また，ソーシャル・キャピタル研究では，ある集団や地域社会におけるソーシャル・キャピタルの多寡や性質や増減がどのような影響をもたらすのか，という点についての研究が先行しているが，どのようにすればソーシャル・キャピタルは増えるのか／増やせるのかという点については，まだ明確な条件は見いだされておらず，今後の展開が待たれるところである。

古くて新しい？　ソーシャル・キャピタル

人々が織りなす人間関係それ自体が個人や社会に影響をもたらすという発想自体は，さほど目新しいものではない。古典的な例で言えば，第1章でも紹介したように，É. デュルケムは『自殺論』において，最も個人的な行為の一つと考えられる自殺の発生率が一様ではなく，教会に信者が強く結び付けられているカトリック教徒では自殺率が低い，ということなどから，その社会において個人が社会に統合されている程度によって自殺という行為の発生率が影響されることを考察している（Durkheim 1897＝1985)。ある意味で，ソーシャル・キャピタル研究は，社会が個人に与える影響という社会学における古典的な論点に再度正面から挑もうという試みでもあるのである。

参考文献

Coleman, James S., 1988, "Social Capital in the Creation of Human Capital," *American Journal of Sociology*, 94：S95-120.（＝2006，金光淳訳「人的資本の形成における社会関係資本」野沢慎司編『リーディングス ネットワーク論――家族・コミュニティ・社会関係資本』勁草書房：205-38）

Durkheim, Émile, 1897, *Le Suicide: Étude de sociologie*, Paris: Félix Alcan.（＝

1985, 宮島喬訳『自殺論』中央公論社）

Granovetter, Mark, 1973, “The Strength of Weak Ties,” *American Journal of Sociology*, 78(6)：1360-1380.（＝2006, 大岡栄美訳「弱い紐帯の強さ」野沢慎司編『リーディングス ネットワーク論――家族・コミュニティ・社会関係資本』勁草書房：123-58）

Granovetter, Mark, 1974, *Getting A Job: A Study of Contacts and Careers*, Chicago: The University of Chicago Press.（＝1995, Second Edition）（＝1998, 渡辺深訳『転職――ネットワークとキャリアの研究』ミネルヴァ書房）

石田光規, 2012,「就職（転職）手段としてのネットワーク」森岡清志編『パーソナル・ネットワーク論』放送大学教育振興会：131-43.

Lin, Nan, 2002, *Social Capital: A Theory of Social Structure and Action*, Cambridge: Cambridge University Press.（＝2008, 筒井淳也・石田光規・桜井政成・三輪哲・土岐智賀子訳『ソーシャル・キャピタル――社会構造と行為の理論』ミネルヴァ書房）

Putnam, Robert D., 2000, *Bowling Alone: The Collapse and Revival of American Community*, Simon & Schuster, New York.（＝柴内康文訳 2006『孤独なボウリング――米国コミュニティの崩壊と再生』柏書房）

渡辺深, 1991,「転職――転職結果に及ぼすネットワークの効果」『社会学評論』42(1)：2-16.

渡辺深, 2014,『転職の社会学――人と仕事のソーシャル・ネットワーク』ミネルヴァ書房.

安田雪, 1997,『ネットワーク分析――何が行為を決定するか』新曜社.

安田雪, 2011,『パーソナルネットワーク――人のつながりがもたらすもの』新曜社.

6　家族（1）家族の諸形態

《目標＆ポイント》 人間が社会生活を営むうえでの基礎的な集団の一つが家族である。この章では，家族の様々な形態，家族が形成される際の規則，日本の村落社会における重要な構成単位である「家」などについて解説する。
《キーワード》 核家族，拡大家族，定位家族，生殖家族，直系家族，家，同族，親類

1．家族と親族

家族の定義

人間が生活していくうえで最も基礎的な集団の一つが，家族（family）である。ここでは，森岡清美の定義に従い，家族を，「少数の近親者を主要な構成員とし，成員相互の深い感情的係わりあいで結ばれた，第一次的な福祉志向の集団」とよんでおこう（森岡・望月 1993）。なお，ここでいう「成員相互の深い感情的係わりあい」には，愛情だけではなく葛藤や緊張，場合によっては嫌悪や憎悪のようなものも含まれる。

また，親族（kinship）とは，血縁関係あるいは婚姻関係の絆によって結ばれていると認知しあっている人々のことを指す。親族には，血族（consanguinity）と姻族（affinity）の二種類がある。血族とは，親子関係を上下にたどることで関係づけられる人々のことを指す。この場合の親子関係には，生物学的な親子関係だけでなく，養子縁組などの社会的な仕組みによって生じる親子関係も含まれる。また，婚姻を契機とし

て新たに生じる親族のことを姻族という。血族も姻族も，一個人からみれば無限に広がりうるが，個人が実際に認知できる範囲には限界がある。この認知された親族関係の範囲を親族圏（kinship universe）という。

なお，家族と混同されやすい概念に，世帯（household）がある。世帯とは，住居と生計をともにする人々の集団のことを指す。多くの場合，家族と世帯は重なるが，同一ではない。例えば，単身赴任で妻子から離れて独り暮らしをしている夫は，妻子と同じ家族の一員ではあっても，妻子とは別の世帯の世帯員（かつ世帯主）ということになる。逆に，かつての日本でしばしば見られた住み込みの使用人や居候などは，住み込み先の家族にとっては，家族員ではないが世帯員ということになる。

家族と社会

社会学において家族が基本的な研究対象の一つとされてきたのにはいくつかの理由がある。まず，家族が個人にとって最も基礎的な集団の一つであり，また，社会を構成する基礎的な集団でもあるためである。個人の側から見れば，個人が出生してから最初に帰属する集団が家族であり，同時に，家族は，その個人が社会的な存在へと成長していく過程で最初に，そしてまた非常に大きな影響を受ける，いわば個人に最初の社会化を施す集団でもある。一方で，社会の側から見れば，家族は，人間が形成・所属する集団の中でも最も基礎的なものの一つであり，様々な法や制度の中には，家族を基本的な単位と想定した上で定められているものも少なくない。また，地域によっては，地域社会（集落）の編成原理がその地域の家族や親族のあり方と非常に密接な関係にある場合もあり，その場合，その集落の家族・親族関係を調べることがその地域社会を調べることに直結している場合もあったためである（この点については第3節で触れる）。

2. 家族の諸形態

核家族，拡大家族，複婚家族

一口に「家族」といっても，その形態は国や地域によって様々に異なり，また，時代によっても変化する。ある時代のある国において主流とされている家族の形態が別の時代や別の国においても主流であるとは限らない。そのことをいったんふまえたうえで，いくつかの基本的な家族の形態を紹介しておこう。

まず，夫婦と未婚の子によって構成される家族を，核家族（nuclear family）という（図6－1）。これはしばしば家族の最小単位とされる。そして，この核家族が，複数組み合わさったものを拡大家族（extended family）という（図6－2）。拡大家族では三世代あるいはそれ以上の世代や結婚したきょうだいたち[1]が同居したり近隣で暮らしたりし，しばしば家業を同じくする経営体としての側面も持つ。拡大家族は核家族よりも家族員数が多いため，その成員は家族内部での援助を受けやすいとされる。ただしその反面，拡大家族ではその成員は，家族からの援助と引き換えに，家族（中でも権威や力を持つ者）の統制に従うことを求められることが多く，核家族に比べると自由が制限されやすい。

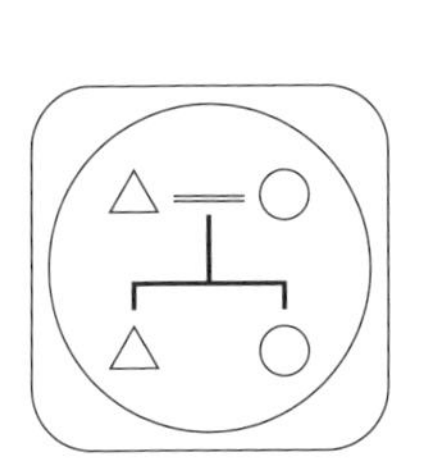

図6－1　核家族の例

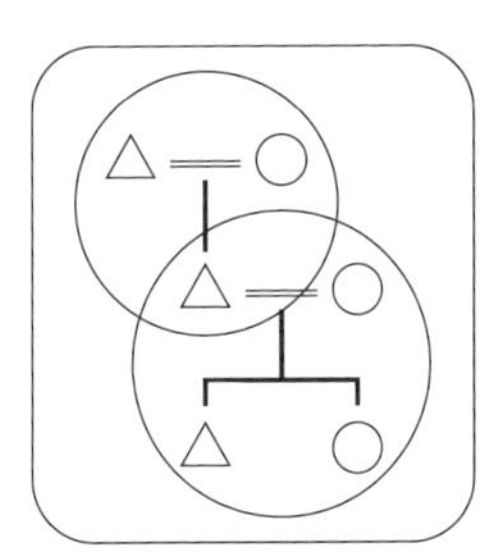

図6－2　拡大家族の例

※図中の△は男性，○は女性，二重線は婚姻関係を意味する。

1　兄弟姉妹を総称する際にはしばしば「きょうだい」とひらがなで表記される。

なお，欧米社会や戦後の日本社会においては，産業化と都市化の進展により人々の移動が活発になる中で，拡大家族が分解し核家族が増加するという現象（これを核家族化という）が指摘されてきた。この核家族化についてE．リトワクは，1950～60年代にアメリカで調査を行い，別居する親子やきょうだい間で濃密な交流や互助的な関係がみられることを発見し，これを，（それまでの同居・近居を原則とする古典的拡大家族に対して）修正拡大家族（modified extended family）とよんだ。

また，１人の個人が複数の配偶者を持つことが許容されている社会では，複数の核家族が共通する配偶者を介して横につながる。これを複婚家族（polygamous family）とよぶ（図６－３）。

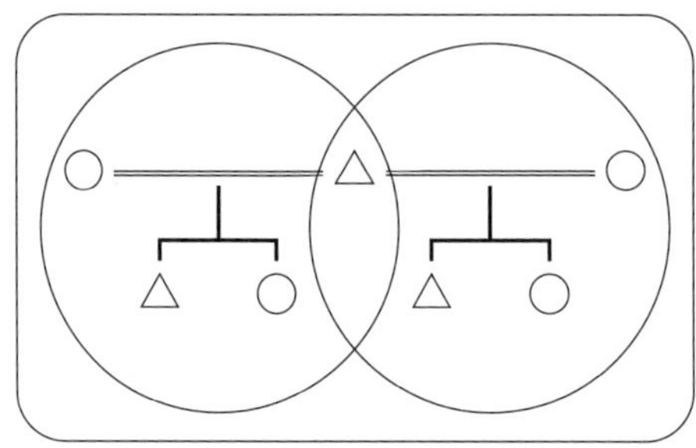

図６－３　複婚家族の例

定位家族と生殖家族

さて，一人の個人は，核家族を２つの形で経験する可能性がある。１つ目は，個人が出生と同時に所属する家族である。これを定位家族（family of orientation）とよぶ。一方で，個人は結婚（法律上の届出を経ない事実婚も含む）によって新しい家族を形成する。これを生殖家族（family of procreation）とよぶ。ある核家族に注目した場合，子にとってその核家族は定位家族であるが，親にとっては生殖家族である。

個人は定位家族を選択することはできないが，生殖家族の形成にあたっては，いつ，誰と結婚し，どのくらい子どもをつくるか（あるいはつくらないか）という点で選択の余地が存在する。ただし，その選択の余地がどのくらい個人にあるかは，その社会の規範によって影響を受ける。結婚や出産に関する規範が厳しい社会（あるいは時代）であれば，一定の年齢の内に結婚せよという圧力が個人にはかかるし，パートナー選択においても個人よりも家族や周囲の意向が重視される。

近年の日本社会における晩婚化や非婚化（次章であらためて解説する）は，一面では，社会における結婚規範が緩まり，結婚についての個人の選択性が高まった結果でもある。また，2020年４月現在の日本では同性婚は法的には認められていないが，同性愛者が配偶者として同性パートナーと家族を形成することは事実として行われてきており，2010年代半ばからは，この関係について「同性パートナーシップ証明制度」などによって公的な証明を行う自治体も出現してきている。

制度からみた家族

家族をとらえる際には，家族という集団の実態面に注目してとらえる視点がある一方で，どのような規則に従って家族が形成されるか（誰を家族の構成員と認めるか）という制度に注目してとらえる視点がある。

この場合の家族は実態としての家族ではなく，理念としての家族であり，基本的な型として，夫婦家族制（conjugal family system）（図６－４），直系家族制（stem family system）（図６－５），複合家族制（joint family system）（図６－６）が挙げられる。

夫婦家族制では，家族は男女の結婚によって形成され，子は成長とと

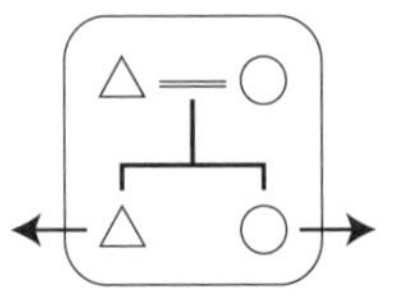

図 6－4　夫婦家族制

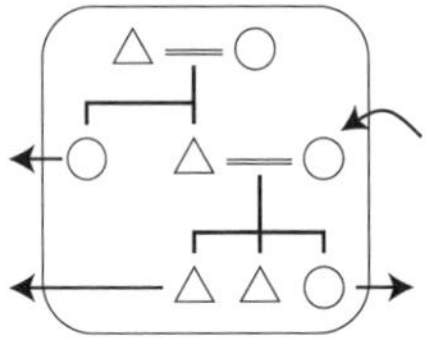

図 6－5　直系家族制

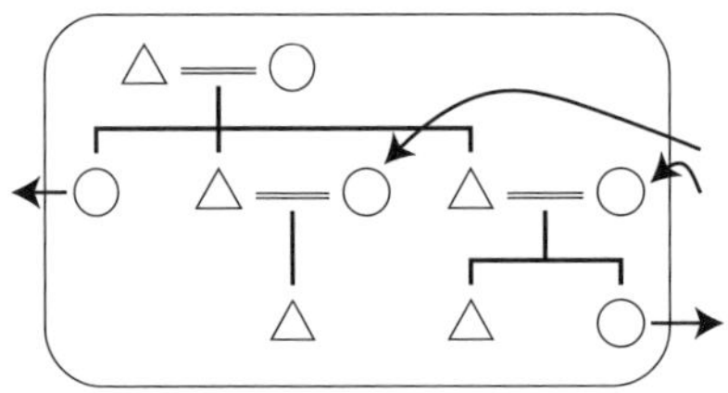

図 6－6　複合家族制

注：外部へ出る直線の矢印は離家による成員資格の喪失を，内部へ入る曲線の矢印は入家（ex. 嫁入り，婿入り）による成員資格の獲得をそれぞれ意味する。（図 6－4，図 6－5，図 6－6 とも）

もに親元を離れ，婚姻により別の家族を形成する。直系家族制では，親は一人の子（いわゆる跡取り）の生殖家族とだけ同居することを原則とし，それ以外の子は家族から離脱する（ことが期待される）。複合家族制では，二人以上の子どもの生殖家族と同居するのを原則とする。そしてこれらの制度に基づいて形成される家族のことをそれぞれ夫婦家族，直系家族，複合家族という。

3. 家族と「家」

「家」と「家制度」

かつての日本の農村社会学では，村落という共同体を分析する際に，その構成単位として「家」（カタカナでイエと表記する場合もある）に注目した。この場合の家とは，土地や家屋といった家産や家業（農業や漁業，商業など），さらには家名（屋号）を媒介とし，世代を超えて存続することが期待される制度体であり，その統括者が家長である[2]。

家は基本的には直系家族としての側面を持つ。ただし，経営体としての家においては，血縁関係よりも経営体としての安定的な維持が重視された。そのため，次代の家長の選定に際しては，子どもがいない場合には外部から血縁関係にない人を跡継ぎとして養子に迎え入れることも行われてきたし，子どもがいたとしても，長子が経営能力に乏しい場合には，次子以下を後継ぎにする，といったことも行われてきた[3]。

そして，このように，家長が家を統括し，家産を管理し家業を営み家を存続させることに重点をおく規範の体系のことを「家制度」という。家制度は前近代の日本社会の生活を規定する規範であったが，明治時代には，民法においてその内容が明文化[4]されることによって国家による国民統合の手段ともなった。戦後には家制度は，個人の意志よりも家長の意志が優先されるという点が民主主義と相容れないとの観点から，批判の対象ともされてきた。

同族と親類

先ほど家の経営体としての側面について触れたが，もともと個々の家

2　家についての近年の解説書としては，米村千代（2014）が参考になる。

3　家にはしばしば，使用人や奉公人といった血縁関係にない構成員が含まれ，こうした構成員を家族に含めて考えるかどうかについては議論がある。

4　もともとは家制度のあり方には地域差・階層差があった。

は単体では脆弱であるため，その脆弱性を補うために複数の家が連なる「家連合」が形成されてきた。

家連合を構成する関係には，２つの種類がある。一つは「同族」である。同族とは，本家－分家という家の系譜関係に基づき生活の共同を緊密にもつ家の関係である。本家とは，分家の成立と存続を社会的経済的に基礎づけた家であり，分家とは，本家の相続者以外の子や使用人が本家の援助を受けて本家から独立して起ち上げた家のことを指す。本家，分家は，それぞれ独立した経営体であるが，本家は分家の設立に際して家産の分与などの援助を行うとともに，その後も様々に分家を庇護する。分家はこれに応えるかたちで本家に対し様々な奉仕を行う。したがって，本家－分家の関係は横並びの対等な関係ではなく，本家に対し分家が服従するという縦の関係である。また，分家間の関係も，本家から枝分かれしていく系譜上の距離に基づいた序列があり，本家から近い分家ほど格上とされる。同族はこうした本末関係の序列に基づく集団である「同族団」を構成しており，本家・分家はそれぞれの格に応じた役割を果たすために，同じあるいは近隣の村落に居住することが基本であった。

家連合を構成する関係のもう一つの種類は「親類」である。親類は，（同族に限定されない）血縁や姻縁によって関係づけられる家のつながり（ネットワーク）である。例えば，ある家を基準にしたとき，その家の跡継ぎの配偶者の生家（姻縁）や，跡継ぎではない者が新たに創設した家や養子に入った先の家など（血縁）が親類にあたる。

親類は同族における本家のような系譜上の原点を持たず，個々の家を中心に広がる関係である。ある家のある世代にとって近い親類も，世代が経過していくに従い遠い親類になっていき――例えば，自分の曽祖父母の親類は自分にはほとんど分からないという具合に――，よほど特別な事情がない限り，遠い親類は関係の圏外に去ってしまう。このように，同族が系譜関係の本末による階層的な序列を伴う集団であるのに対し，親類間の関係は（同族としての関係を含まない限りは）対等な関係が主であり[5]，また，一定の新旧の世代の幅の中で入れ替わっていき集団をなさない，ネットワークとしての性質を持つ。

「家」の衰退

ここまで述べてきたように，かつての日本の村落社会を構成する重要な要素は家であり，それが連なった家連合の様相を明らかにすることが村落の社会構造の解明にもつながっていた。しかし，戦後，基本的には家は衰退してきている。民法からは家制度に関わる事項が（夫婦同姓など一部を除き）削除され，家よりも個人が尊重されるようになり，また，人々の雇用労働者化が進み「家業」という観念も薄れた。さらに，村落から都市への移住が活発になり，同族や親類が日常的に接触する機会が減少する一方で，かつて家が果たしていた社会保障の機能は保険や年金などの様々な社会保障制度によって代替されるようになり，義務的に相互扶助を行う機会も必要性も減少した[6]。とはいえ，現在でも，家のリアリティが日々の生活の中でそれなりの重みを持つ地域や人は存在するし，葬式や結婚式，あるいは墓の管理や継承などをめぐって否応なく家と関わらざるを得なくなる場合もある。今でも家は案外根深いところで私たちの生活に関わってもいるのである。

5　それゆえにかつての結婚に際してはしばしば結婚する者の生家の格のバランスが要請された。

6　ただし，都市部においても，義務的ではなく選択的にではあるが，親類と交流し相互扶助を行う関係はそれなりの厚みをもって存在している。

参考文献

森岡清美・望月崇, 1993, 『新しい家族社会学 三訂版』培風館.
米村千代, 2014, 『「家」を読む』弘文堂.

7　家族（2）家族の現在

《目標＆ポイント》 この章では，私たちが当たり前であると考えがちな「近代家族」という家族の形態がどのようなものであるのかについて解説したうえで，近年の日本社会における家族の変化の趨勢を確認し，多様化する家族をも射程に入れられる視点の一つとしてライフコース論について紹介する。
《キーワード》 近代家族，性別役割分業，晩婚化，非婚化，ライフサイクル論，ライフコース論

1. 近代家族

近代家族とは

「家族愛の絆で結ばれ，プライバシーを重んじ，夫が稼ぎ手で妻は主婦と性別分業し，子どもに対して強い愛情と教育関心を注ぐような家族」を「近代家族」という（落合 2004）。近代家族は，社会の近代化の過程において広まった家族観――家族はこうであるべきだという規範――であり，同時に，そうした規範が社会に浸透していくにしたがい，近代家族は実態としても家族の典型の一つとなっていった。

現代の多くの人々にとって，夫婦は情緒的な強い絆によって結ばれたものである，あるいはそうであるべきだという感覚は当たり前のように思われるかもしれない。しかし，そうした夫婦のあり方は，決して当たり前のものではない。前章で触れたように前近代の日本の家族は「家」という経営体としての側面を持っていたが，そこでは，夫婦も含めた家族員間の情緒的な絆はさほど重視されていなかった。これは，社会保障

制度が未整備であった時代には「家業」経営を的確に行い家を存続させることが人々の生存にとって最も重要であったということの裏返しでもある。

個人が特定の相手を配偶者として自由に選択して結婚し添い遂げることを理想とする考え方を「ロマンティック・ラブ」という。現在では，ロマンティック・ラブに基づく結婚を当たり前のように考えがちであるが，こうした考え方が広まる以前は，結婚は恋愛を成就するための手段ではなく，何よりも家を維持するための手段であった。

図７-１は，恋愛結婚と見合い結婚の構成比の推移である。見合い結婚とは，仲介者（仲人）が双方の家族の家長と調整のうえで，結婚に向けて配偶者候補の選択を行い，結婚成立へと導く形式の結婚である。現在の見合い結婚では，見合いを行った後「結婚を前提とした付き合い」という形で恋愛関係の形成を見たうえで，結婚するかどうかの判断が行われることが一般的であるが，かつての見合い結婚では，結婚する当人同士の恋愛感情はさほど考慮されておらず，ときには見合いの機会を除いてはほとんど会っていない者同士が結婚することもあった。

図で見ると分かるように，見合い結婚と恋愛結婚の割合が逆転するのは高度経済成長期の1965年から1970年の間である。このように比較的最近まで見合い結婚の割合が高かった背景には，自由な恋愛感情に基づく配偶者選択よりも，農家や商店といった家業の経営（働き手）と家の維持（跡継ぎの創出）のために結婚が必要とされていたこと，そうした状況が雇用労働者の増加により変化し恋愛結婚が増加していったということがある。

性別役割分業の浸透[1]

性別役割分業とは，性別に基づいて夫婦間の役割が固定されることを

1　この項は西村純子（2019）の整理に従った。

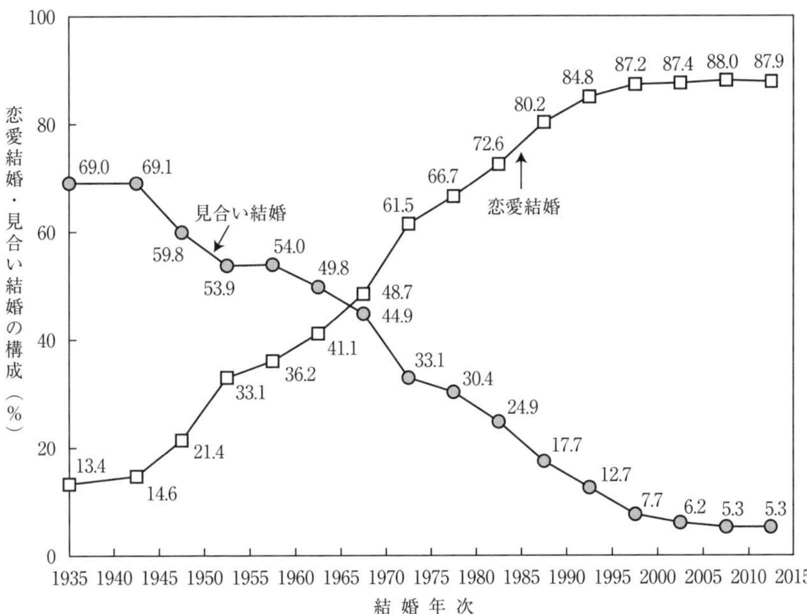

注：対象は初婚どうしの夫婦。第７回調査（1930～39年から1970～74年），第８回調査（1975～79年），第９回調査（1980～84年），第10回調査（1985～89年），第11回調査（1990～94年），第12回調査（1995年～99年），第13回調査（2000～04年），第14回調査（2005～09年），第15回調査（2010～14年）による。夫婦が出会ったきっかけについて「見合いで」および「結婚相談所で」と回答したものを見合い結婚とし，それ以外の「学校で」，「職場や仕事の関係で」，「幼なじみ・隣人関係」，「学校以外のサークル活動やクラブ活動・習いごとで」，「友人や兄弟姉妹を通じて」，「街なかや旅行先で」，「アルバイトで」を恋愛結婚と分類して集計。出会ったきっかけが「その他」「不詳」は構成には含むが掲載は省略。

図７－１　結婚年次別にみた，恋愛結婚・見合い結婚構成の推移

出典：国立社会保障・人口問題研究所（2017）：38

指す。性別役割分業は，人々の具体的な生活実態として観察される場合がある一方で，性別役割分業観という（性別役割）規範[2]として人々の意識に影響を及ぼす。規範としての近代家族においては，夫が家庭の外で働き，妻が主婦として家事や育児を担う，という性別役割分業が要請される。そして，日本社会では，高度経済成長期に，こうした性別役割分業観が広く浸透するとともに，それに基づく労働市場の仕組みを発達させていった。それは，企業が学校新卒者を一括で大量に採用し，入職後に様々な訓練を施し様々な部署を経験させていくことで基幹的な労働者を育成していく，という仕組みである。その際，基幹労働者となることを期待されたのは男性労働者であり，女性労働者には結婚あるいは出産を契機に退職することが期待され，補助的な仕事しか割り振られなかった。同時に企業は，年功賃金や住宅手当，家族手当などの福利厚生策を手厚くすることで，企業内で育成した労働者の離転職を抑制する一方，残業や休日出勤などの長時間労働を求めていった。こうした男性労働者＝夫を「主婦」として支えつつ，家庭での家事・育児・高齢者のケアを担うことが女性に求められ，また，実際に担うようになっていったのである。

女性のM字型雇用曲線

図７-２は，年齢層ごとに労働市場で仕事に就いている（就こうとしている）女性の割合を示したグラフである。1978年や1998年で見ると，20代後半から30代にかけていったん落ち込みその後じわじわと上昇していることが分かる。こうした形状を，アルファベットの「M」に見立て

2　なお，性別に関する現象が社会的・文化的に形成され（てい）る側面を論じるための概念の一つに，ジェンダー（gender）がある。例えば，性別に関する社会的・文化的な規範（ジェンダー規範）――「男性（女性）は～すべきだ」とか「～することが男（女）らしい」といった規範――や性についての個人の自己認識（ジェンダー・アイデンティティ）が社会的・文化的にどのように形成されるか，といったことを考察するために用いられる。この節で述べている性別役割分業観は，ジェンダー規範の一種である。

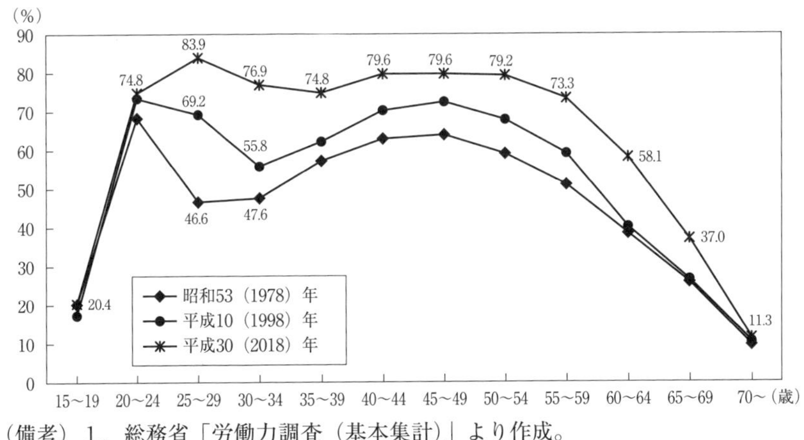

（備考）1．総務省「労働力調査（基本集計）」より作成。
2．労働力率は，「労働力人口（就業者＋完全失業者）」／「15歳以上人口」×100

図7－2　女性の年齢階級別労働力率の推移

出典：内閣府男女共同参画局（2019）『令和元年版男女共同参画白書』106頁

て，女性のM字型雇用曲線とよぶ。このM字の形状（例えば凹みの位置や深さ）は，その時代・社会の女性をとりまく労働市場や社会政策の変化と関連づけて解釈がなされる。Mの真ん中の落ち込みは，結婚・出産に伴う労働市場からの離脱を意味しており，その後，小児の子育て期から脱した女性が再就職することにより就業率が上昇することでM字の後半の上昇曲線が形成される。ただし，このときの再就職には，性別役割分業を前提としたうえでの（つまり家事や育児を担いながらの）就労形態であるパートタイム労働も少なからず含まれており，その収入においても，主たる稼得者が夫であることを前提とした家計補助的な水準に留められることが多かった。近年では，このM字型の凹みの深さが浅くなりまた右にスライドしているが，この変化の背景としては，晩婚化・非婚化の影響などが考えられる。

2. 近年の家族の変化

単身世帯の増加と晩婚化・非婚化

日本社会の家族全体の近年の変化の中で大きいのは，単身世帯の増加である。図７－３にも示されているように，近年，単身世帯は増加の一途を辿っており，一般世帯の中に占める単身世帯の割合は2015年で1／3を超えた。

こうした単身世帯の増加の背景にあるのは，晩婚化と非婚化である。晩婚化とは，個人が初めて結婚する年齢（初婚年齢）が上昇することをいう。非婚化とは，人々が結婚をしないようになること（より狭義には結婚制度や戸籍制度に対する批判的意識などから意識的に法律婚をしないようにすること）をいう。図７－４は，平均初婚年齢のグラフである。

戦後，1970年前後にいったん落ち込むもののその後はじわじわと上昇を続けてきたことが分かる。晩婚化の背景として考えられるのは，「しかるべき適齢期に結婚するのが望ましい」という結婚年齢規範の弱まり

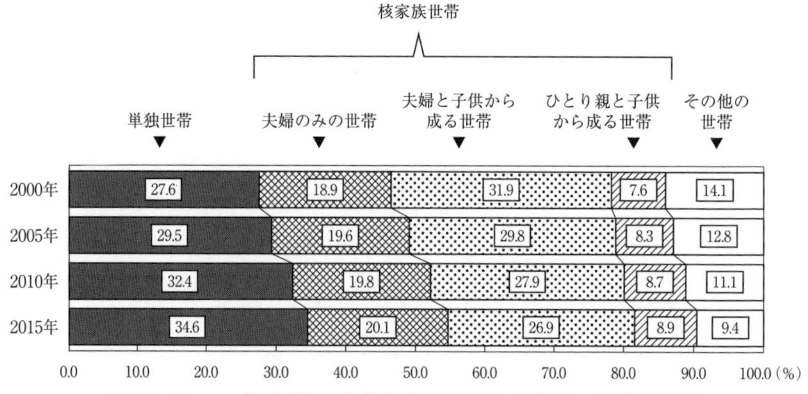

図７－３　一般世帯の家族類型別割合の推移（国勢調査）

出典：総務省統計局（2016）。引用にあたり年号を西暦に変更した。

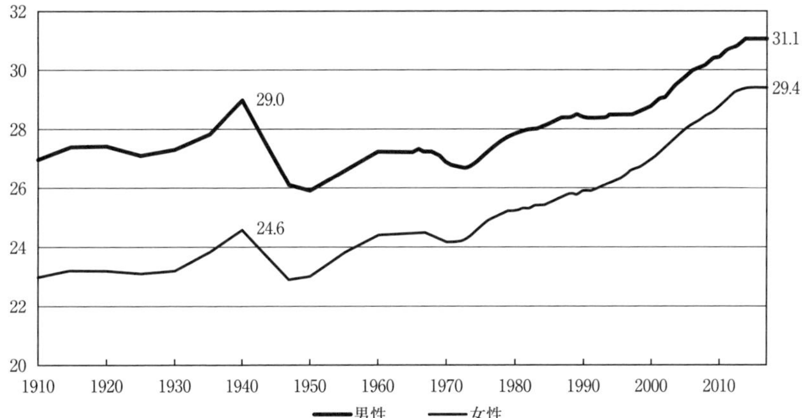

注：「人口動態統計」より作成。1947～72年は沖縄県を含まない。1940年以前は届出時の年齢，1947～67年は結婚式を挙げた時の年齢，1968年以降は結婚式を挙げた時または同居を始めた時の早い方の年齢。同居（挙式）年と届け出年が同じもののみ。

図７－４　平均初婚年齢の推移（1910－2017年）

である。他方で，2015年の出生動向基本調査の結果によれば，結婚についての希望（未婚者の生涯の結婚意思）では，「いずれ結婚するつもり」の割合は，1987年で男性91.8％，女性92.9％に対し2015年で男性85.7％，女性89.3％で，やや低下してはいるものの高い水準にある（国立社会保障・人口問題研究所 2017）。一方で，50歳時点での未婚率（人口学上は生涯未婚率という）は2015年時点で男性で23.4％，女性で14.1％となっており，男性で７割以上，女性で８割以上が結婚を経験している[3]。とはいえ，1990年時点の同じ数値では男性5.6％，女性4.3％であり，この四半世紀で非婚化が進んでいることは確かである。

3　国立社会保障・人口問題研究所による国勢調査をもとにした計算結果。

3. 家族のとらえ方

ライフサイクル論

家族を社会の変動と関係づけて考察する視点の一つとして，ライフサイクル（life cycle 家族周期）に注目するライフサイクル論が挙げられる。これは，標準的な家族の周期的な変化に注目して，その有り様と時代や社会の変化の関係に注目する視点である。ライフサイクルは，家族の成員の加齢にともなって規定される。例えば，森岡清美による区分では，ライフサイクルは次の８段階に整理される。

ライフサイクル論においては，そのそれぞれの段階に応じて家族員に要求される役割期待の違いや，段階の移行にともなって生じる様々な危機・転機に際してどのような葛藤が生じどのような対処がなされるか，といった点への注目がなされる。

ただし，ライフサイクル論には様々な問題点（限界）が指摘されるようになった。ライフサイクル論では，人の一生には規則的な推移がみられる，ということを前提として，「標準的な家族」の周期が設定されているが，少子化や長寿化などの社会の様々な変化により，現実の家族が

表７－１　森岡清美による家族の８段階説

Ⅰ	子どものない新婚期
Ⅱ	育児期（第一子出生～小学校入学）
Ⅲ	第一教育期（第一子小学校入学～卒業）
Ⅳ	第二教育期（第一子中学校入学～高校卒業）
Ⅴ	第一排出期（第一子高校卒業～末子 20歳未満）
Ⅵ	第二排出期（末子 20歳～子ども全部結婚独立）
Ⅶ	向老期（子ども全部結婚独立～夫 65歳未満）
Ⅷ	退隠期（夫 65歳～死亡）

出典：森岡清美 1993：69

設定された段階に収まりきらないことが多くなってきた。また，ライフサイクル論では，離婚や再婚も考慮に入れられていない。加えて，子どもの独立や結婚といったイベントの時期には学歴の高低等により違いがみられるのだが，そうした違いまでを盛り込むことは難しい。さらに，前節で触れた晩婚化や非婚化などの家族の変化（あるいは家族の非形成）に対しては，家族を単位としたライフサイクル論の適用自体も難しい。

ライフコース論

こうした中で，1960年代からは，ライフコース（life course）論という視点が登場した。ライフコース論では，考察の対象は家族ではなく家族を構成する個人の人生行路（pathway）である。具体的には，各個人がどのようなライフイベント（出生，進学，就職，結婚，出産，離婚等）において家族を（定位家族として／生殖家族として）経験し（あるいは経験せず），また，その過程でどのような役割を取得しているのかなどが考察の対象とされる。

また，ライフコース論では，個別の人生行路を考察する際に，コーホート（cohort）[4]に注目しながら，その個人が遭遇する社会的出来事と個人の関係に注意が払われる。例えば，G．エルダーは『大恐慌の子どもたち』で，1920－21年に生まれた人167人とその家族を対象にして，彼ら彼女らが1929年の世界大恐慌によってその人生にどのような影響を受けたかについて縦断的に調査を行い，大恐慌が家庭に与えた経済的剥奪の大きさと家族の階級（中流階級か労働者階級か）によってその後の職業経歴や家族経歴には違いが生じていることを明らかにしている（Elder 1974＝1986）。

4　コーホートとは，ある地域や社会において，人生における出来事（出生，結婚，就職等）を一定の時期に経験した人々のことをいう。出生コーホートのことを指して単に「コーホート」ということも多い。

多様なライフコースと家族のあり方

前章とこの章で触れてきたように，戦後の日本社会においては，家という家族のあり方は衰退してきた。また，結婚に対する人々の希望自体はまだ高い水準ではあるものの，未婚率は少しずつではあるが上昇傾向にあり，家族を形成しない人は今後も増加し続けていく可能性がある。他方で，同性愛者などの性的少数者による家族形成に対し社会的な認知を求める動きも少しずつではあるが広がっており，そうした声に社会がどのように応じていくかも問われるようになりつつある。社会の変化と家族の変化の関係をどのように読み解いていくか，課題はつきない。

参考文献

Elder, Gren H., 1974, *Children of The Great Depression: Social Change in Life Experience*, Boulder: Westview Press.（＝1986，本田時雄ほか訳『大恐慌の子どもたち――社会変動と人間発達』明石書店）

国立社会保障・人口問題研究所，2017，『現代日本の結婚と出産――第15回出生動向基本調査（独身者ならびに夫婦調査）報告書』.

森岡清美・望月崇，1993，『新しい家族社会学 三訂版』培風館.

西村純子，2019，「家族と職業・仕事」西野理子・米村千代編『よくわかる家族社会学』ミネルヴァ書房：128-31.

落合恵美子，2004，『21世紀家族へ（第３版）――家族の戦後体制の見かた・超えかた』有斐閣.

総務省統計局，2016，『平成27年国勢調査 人口等基本集計結果 結果の概要』.

8　階級と階層（1）

《目標＆ポイント》 社会を構成する諸個人は，希少な社会的資源の保有量の多寡によって差異づけられ，そこに序列が形作られる。この章では，社会の中に形作られる人々の間の序列について考察するために用いられる階級や階層といった基本的な概念について解説する。
《キーワード》 社会的資源，社会的不平等，格差，身分，階級，階層，職業威信スコア，地位の一貫性／非一貫性

1. 序列を伴う差異

社会的資源

人間は，社会の中で生きていくために，あるいはよりよい生活を送るため，様々な資源を必要とする。社会学においては，こうした資源のことを社会的資源とよぶ。社会的資源には，家屋や土地や食料のような物理的なモノのほか，富（wealth）や権力（power）[1]や，威信（prestige），情報（information）などのように，必ずしもモノという形態をとらないものも含まれる。こうした社会的資源は多くの場合，それを求める人すべてに十分には行き渡らず，人々はその希少な社会的資源の獲得をめぐってしばしば競争し，多くの場合，不均等にしか行き渡らない。

社会を構成する諸個人には様々な点で差異がある。そうした差異の中には，性別や人種のように本来は上下の序列を伴わないものもあるが，高所得者と低所得者のように保有する社会的資源の多寡によって否応なく序列づけられる差異もある。また，いま述べたように，性別や人種は

1　個人や集団が自己の目的のために他の個人や集団の行動に影響を及ぼしうる能力のこと。

本来は序列を伴わない差異であるにもかかわらず，実態としてそれらの差異が有利・不利と結びついていることも少なくない。社会学は，様々に差異のある諸個人がどのようにして社会を形作っているのかに関心を払うが，その際に，こうした序列を伴う差異に特に大きな関心を払ってきた。それは，こうした差異が，その社会がどのような原理によって構成されているのか，あるいはどのような方向に変化しているのか，といった観点から社会をより深く理解するための手がかりとなるためである。この章では，こうした序列をともなう差異を把握するために社会学において用いられてきた基礎的な概念について解説していく。

社会的不平等

先程述べたように，社会的資源の多くは希少であるがゆえに，多く保有する人と少なくしか保有できない人とが生じる。このような資源の不均等な保有状況のことを社会的不平等（social inequality）という。

社会学では，平等を「機会の平等」と「結果の平等」の２つに分けて考えることが多い。機会の平等というのは，ある社会的資源を得る機会が社会成員に平等に与えられている状態のことを指す。例えば，進学や就職などに際して，その個人の力ではどうすることもできない属性（人種や性別，年齢，親の所得や職業など）によってその成否が影響されない状態を指す。これに対し，結果の平等とは社会的資源の分配が均等になされている状態のことを指す[2]。現実の社会においては，結果の平等や機会の平等が完全に実現されている状態というものは存在しないため，現実に存在する不平等の程度がどの程度であるか，ということが問題となる。

2　各人の能力に応じた形で資源の配分がなされている状態，例えば同じ企業に就職した人々がその仕事における貢献に応じて正確に昇給や昇進する状態を指して結果の平等と考える場合もある。

「格差社会」

また，しばしば不平等と似た使われ方をする言葉に「格差」がある。「格差」とは端的には社会的資源の保有量の人々の間での差異であり，その意味では，社会の中に格差が存在すること自体は，結果における完全な平等を求める立場を取るのでない限り，問題とならない。一方で，日本社会では2000年代から「格差社会」という言葉が日常用語としてしばしば使われるようになってきている[3]。「格差社会」が論じられる際におおむね共通しているのは，（日本であれ海外であれ）既存の社会が「格差社会」になった／なりつつある，という「格差社会化」が問題として論じられるという点である。ではどのような社会を指して「格差社会」とよんでいるのかという点に関しては，必ずしも一様ではないが，いくつかの異なる変化の過程にある社会が想定されていると考えられる。１つ目は，上方と下方の間の格差が拡大する社会――裕福な人々がますます裕福になり貧しい人々がますます貧しくなる社会――である。２つ目は，社会の中の人々の分布が二極化する社会――社会を構成する人々のうち相対的に中層に位置する人々が上方と下方とに引き裂かれて減少していくいわゆる「中流崩壊」が生じる――である。３つ目は，格差が固定化する社会――豊かではない人々が豊かになる機会が閉ざされて社会的な上昇を遂げることができなくなっていく社会――である。これらのうちの前の２つは結果の平等の減退を，最後の１つは機会の平等の減退を体現する社会であると考えることができる。

身分

近代化によって法の前の平等が実現される以前の社会は，貴族や武士，平民などの身分（estate）に基づいて構成されていた。身分は，人々に対して政治的に決定されて割り当てられるカテゴリーである。身分制度

3　この時期の「格差社会」をタイトルに冠する書籍としては例えば山田昌弘（2004），大竹文雄（2005），橘木俊詔（2006）など。さらにその前段としての「中流崩壊」を論じた書籍としては，佐藤俊樹（2000）や「中央公論」編集部編（2001）など。

に基づいて編成される社会においては，それぞれの身分に応じた特権や役務が法や慣習，宗教上の戒律などの様々な規範によって定められており，職業選択も身分に応じて厳しく制約される。また，ある身分から別の身分への移動，とりわけ特権を有する身分への移動については厳しい制約が課されるなどして，身分間の関係は閉鎖的であるのが一般的である。

身分制度が廃止された近代市民社会においては，居住地や職業の選択，さらには富の追求などの自由が法的には保障されるようになる。しかし，実態としては，そうした自由は個人の経済状態などによって様々な制約を受けている。そうした制約の結果として人々の保有する社会的資源にどのような差異が生じているのか，そしてまた，そうした制約はどのようにして社会・個人に作用するのか，といったことが，近代化以降の社会の階級や階層（次節以降で述べる）に注目した研究の基本的な問いとなる。

2. 階級と階層

階級

階級（class）は，人々の間の社会的資源の保有量の差異に関する概念の一つである。先程述べた前近代の身分制社会における身分のことをその閉鎖性に注目して「階級」とよぶ場合もあるが，近代化以降の社会については，階級は主要にはマルクス主義的階級論に基づいて用いられる。マルクス主義的階級論において階級とは，生産手段の所有・非所有に基づいて区分される集団である。この場合の生産手段とは，人間が物資を生産するために必要とする様々な手段のことであり，具体的には，土地や道具や機械，工場，さらには原材料などのことを指す。

大雑把に過ぎる，という批判を承知のうえで敢えて古典的なマルクス主義階級論の基本図式における階級の位置づけについてまとめると次のようになる。資本主義社会においては，社会の構成員は，資本家階級と労働者階級という二大階級に分化していく。労働者階級は，生産手段を持たないため自らの労働力を資本家階級に売って生計を立てざるを得ない。しかし，労働者階級が生産活動に従事することで作り上げる製造物は労働者の所有物ではなく資本家階級の所有物となる。そして資本家階級はそれを商品として，生産にかかった費用（工場や製造機械や原材料の購入にかかった費用や労働者に支払う賃金）の合計よりも高い値段で売ることによって利潤を得て，それを元手すなわち資本としてさらなる生産拡大を図る。一方で，資本家階級が労働者に支払う賃金は労働者が生きていく上での最低限の金額であり，労働者が生産活動に従事することによって新たに生み出した価値は資本家のものとなる。これを搾取という。資本家階級と労働者階級の関係は，基本的にこのような搾取する／される関係であり，そしてこうした階級間の利害対立は，資本主義の進展とともに激しくなっていく。その矛盾が極点に達したとき，労働者階級が資本家階級を打倒し資本主義に代わる新たな経済体制である共産主義を打ち立てる（共産主義革命）とされる。

ただし，これまでの歴史的な事実としては，資本主義に代わる新たな経済体制の樹立がなされた例は一部の国家（かつてのいわゆる「東側」諸国）にとどまり，またそれらの経済体制のほとんどは崩壊しあるいは資本主義的体制への事実上の転換がなされてきた。また，従来から資本主義体制が維持されている国家においても，人々が二大階級に明確に収斂されるような形で分化したわけではなく，搾取が一直線に強まり革命が起きるほどに階級間の緊張関係が高まってきたというわけでもない。

とはいえ，社会学においては現在でも，人々の間の利害の対立や，それに経済的・政治的な過程がどのように関わっているのかを明らかにするうえで階級という概念の有用性には一定の評価が与えられており，社会を分析するための道具の一つとして用いられている。その際には，マルクス主義階級論のうちの未来予測的な部分——階級間の緊張が今後高まるのかどうかや革命が到来するのかどうか等——は捨象され，階級を二大階級よりもさらに細かい階級[4]に区分したうえでそれらの構成状態や階級間の関係についての考察がなされている。

階層

階層（social stratum 正式な訳は社会階層だが単に階層とも表記される）とは，保有する社会的資源の量の同等性のみを基準として設定される，人々の間の序列のカテゴリーである。前述した階級が各カテゴリー間の断絶や利害上の敵対性などに注目して把握される実体的な集団であるのに対し，階層は，ある社会を構成する人々の間に分析者の関心から設定した基準に基づいて区分線を引くことによって析出される，操作的なカテゴリーである。したがって，ある階層と別の階層との間に相反する利害があるとは限らないし，そもそも自分がある階層に属している，という明確な帰属意識（例えば「中の下くらい」という程度の漠然とした帰属意識はあるかもしれないが）を人々が持っているとも限らない。

また，国家や地域社会などのあるまとまりをもった社会における階層の構成——どの階層の人がどのくらいの割合でいるか——のことを社会成層（social stratification）という。

3.「仕事」をどう把握するか

仕事に関する指標

階級も階層も，実際の調査研究においては，「職業」に注目した区分

4　代表的なものとして，町工場や小商店などの生産手段を保有しつつも自身も自営業主として生産活動に従事する旧中間階級や，労働力を売って生計を立てる労働者ではありながらも管理職や専門職として働くホワイトカラーのような新中間階級を挙げることができる。

（職業階層）に基づいて把握・考察されることが多い。ここでいったん，社会学では人々の「仕事」についてどのように把握しているのか，という点について触れておきたい。仕事は，個人がその社会の中でどのような位置を占め，どのような役割を果たしているのかを把握するうえで非常に重要な指標の一つである。個人の仕事を具体的に把握する際，一般的には，（１）産業，（２）職業，（３）従業上の地位の３点に注目する。産業とは，その人が働いている事業所が行っている業務の種類（業種）を指す。これに対し職業とは，個人が行っている仕事の種類（職種）を指す。また，従業上の地位とは，その人が雇用関係においてどのような形態で働いているか——事業主であるのか雇われて働いているのか，雇われて働いている場合には正規雇用なのかどうか等——ということを指す。

これら３つは，原理的には別々の指標である。例えば，調査においてある人が「銀行で働いている」と答えた場合，その答えだけでは，産業（業種）が金融業であることは間違いないが，職業（職種）については事務員なのか外回りの営業なのかあるいはまた別の仕事なのかは分からないし，雇用期間の定めがないいわゆる「正社員」なのか，臨時雇用なのかといったことも分からないわけである。

同時に，これらの指標は，個人が社会の中で占める位置を把握するだけでなく，働く人々全体としてそれらがどのような構成になっているかを把握することを通じて，その社会の状態や変化の趨勢——農林漁業中心の社会から工業中心の社会への転換の程度等——を把握するための手がかりでもある。一方で，これらの指標の中身（分類）は唯一不変ではなく，社会の変化に合わせて幾度もの見直しがなされている。例えば，政府が様々な統計調査に用いている日本標準職業分類は，1960年の設定から2009年までに５回の改定がなされ，新たな分類の追加などがなされている。また，統計調査のためのこうした分類はあらゆる仕事を網羅するために非常に詳細に設定されている（例えば2009年改定の日本標準職業分類では職業小分類は320種類以上ある）ため，個別の調査研究においては，それぞれの研究の関心や焦点に合わせて，産業と職業を組み合わせたいくつかの代表的なカテゴリーを設定して，集計段階でそのカテゴリーにまとめる（あるいは設問の選択肢でそうしたカテゴリーを用いる）といったことが行われる。

古典的なカテゴリーとしては，被雇用労働者のうち，物の生産などの仕事に携わる人であるブルーカラー（blue collar），それ以外の仕事である事務職や専門職，販売職などに携わる人であるホワイトカラー（white collar）というカテゴリーがある。ただし，ホワイトカラーは，産業革命以降の工業生産の高度化に伴って増加した仕事であり，かつてはホワイトカラーであるということ自体が非常に重要な意味を持ったが，ホワイトカラー自体が多数を占めるようになった現代では，ホワイトカラー内部における差異（専門技術職なのか管理職なのか一般事務員なのかや，販売職なのか対人援助職なのか等）に注目した小カテゴリーを設定する場合もある。

また，調査によっては，人々の所属階級や階層をより細かく把握するために，上記の３点に加えて，勤務先の企業規模まで尋ね，それもカテゴリーに反映させる（例えば大企業ホワイトカラー／中小企業ホワイトカラーなど）場合もある。これは，同じ職業・従業上の地位であっても，大企業なのか中小（あるいは零細）企業なのかによって賃金水準や企業が提供する福利厚生などに違いがあり，そのことが人々の生活水準などにも影響を与えているためである。

職業威信スコア

また，社会階層に関する具体的な調査研究においては分析のために，職業威信スコア（occupational prestige scores）もよく用いられる。職業威信スコアは，様々な職業に対する人々の格付けの程度を点数化したものであり，職業威信に関する調査を行って作成される。例えば，1995年に国内の20～69歳の有権者を対象に実施された職業威信調査では，56種類の代表的な職業についてその高低を５段階で評価してもらい，その平均点を算出することで職業威信スコアを算出している。同形式の職業威信調査は1955年や1975年にも実施されているが，職業評価の序列には時代によってほとんど変化がなかったことや，先進産業社会における同種の調査の結果には相関が見られることなどが明らかとなっている（原・盛山 1999）。

地位の一貫性／非一貫性

現実の社会においては，同一階層内に属する人であってもその地位にはばらつきがある――ひとくちに美容師といっても非常に人気・知名度が高く収入も高い「カリスマ美容師」もいればそうでない人もいるというように――。したがって，職業威信スコアなどによって把握される地位は，あくまでも平均的なものとして解するべきである。

また，社会的地位の高さは，その人が保有する社会的資源の種類――所得や学歴や威信など――によって異なっている可能性がある。例えば，学歴は中学卒業だが会社を起ち上げて成功したいわゆる「叩き上げ」の社長の場合，所得や威信は高いが学歴は低い，ということであり，こうした状態を，地位の非一貫性（地位の不整合）が存在する状態という。逆に，この人が学歴においても高学歴である場合には地位に一貫性があるといい，地位の一貫性が高い水準で起きていることを地位の結晶化

（status crystallization）という。

参考文献

原純輔・盛山和夫，1999，『社会階層——豊かさの中の不平等』東京大学出版会.

大竹文雄，2005，『日本の不平等——格差社会の幻想と未来』日本経済新聞社.

橘木俊詔，2006，『格差社会——何が問題なのか』岩波書店.

佐藤俊樹，2000，『不平等社会日本——さよなら総中流』中央公論新社.

「中央公論」編集部編，2001，『論争・中流崩壊』中央公論新社.

Weber, Max, 1922, “Soziologische Grundbegriffe”, *Wirtschaft und Gesellschaft*.（=1972，清水幾太郎訳『社会学の根本概念』岩波書店）

山田昌弘，2004，『希望格差社会——「負け組」の絶望感が日本を引き裂く』筑摩書房.

9 階級と階層（2）

《目標＆ポイント》 個人が社会の中で占める位置は固定しているわけではない。身分制度が廃止された近代社会においては，人々はその希望や能力に応じて様々な社会的地位に就くが，その過程は完全に自由なわけではない。この章では，人々がある社会的地位に就いていく過程についてどのような観点からどのような考察や分析がなされてきたのか等について解説する。
《キーワード》 社会移動，世代内移動と世代間移動，属性原理と業績原理，文化資本，文化的再生産

1. 社会移動とは

前近代の身分制社会においては，個人の職業選択の自由や居住地選択の自由は，身分に応じて制限されていた。そしてまた，個人の身分，すなわち，その社会における資源や地位の配分は，しばしば，その個人の出生――貴族の子は貴族に，平民の子は平民に――によって政治的に決定されてきた，これに対し，近代社会においては，基本的には前近代的な軛から解放されることにより，個人の職業や居住地の選択の幅は広がる。社会の中での「移動」がそれ以前よりも活発になると言ってもよい。そのような大きな変化のうねりの中でどのような社会秩序が新たに生じるのか，ということが，「社会学」勃興期の問題意識であった。言い換えれば，社会の中の移動が多様化し活発化することが社会にどのような影響をもたらすのか，ということが社会学の初発の問題関心の一つであったのである。

一般に「人の移動」という場合には，例えば引越しや移住，通勤や通学のように，空間的な位置の移動が想定されることが多いが，社会学においては，必ずしも空間的移動を伴わない「移動」も考察の対象とされてきた。すなわち，社会移動（social mobility）である。社会移動とは，端的にいえば，「個人における社会的地位の移動」（安田 1971：48）のことである。社会移動において個人が移り動く「位置」こそが，社会的地位である。社会的地位とは，第2章でもふれたように，個人が社会の中で占める位置のことを指す。個人は，社会の中で様々な地位を占めている。男性というジェンダー上の地位，45歳という年齢上の地位，長男という家族内での地位，勤務先企業内での課長という地位，趣味のサークルでの副会長という地位などである。

このように個人は社会の中で様々な地位を占めるが，そうした地位は，社会的資源――例えば，所得や財産，権力や影響力，威信や尊敬など――の保有量の多寡と結びついている。例えば，課長という地位は一般的に，係長よりも高い所得や大きな権限と結びついているし，長男という地位は，二男や三女よりも大きな影響力を持ちやすい。それゆえ，個人が保有する社会的資源の量には，その社会的地位によって差がある。他方で，個人が占める社会的地位は不変ではない。言い換えれば，社会には様々な社会的地位があり，個人はある地位から別の地位へとしばしば移動する。社会移動とは，そうした社会的地位の移動のことであり，多くの社会学者たちが，社会移動の実態やその変化に注目をしてきた。例えば，ある社会において全体として社会移動がどの程度活発に起こっているかは，その社会の流動性を把握する手がかりの一つとなるし，個人の水準に注目した場合，どのような人がどのような条件のもとでどのような社会移動をしているのか，ということもまた，その社会の構造について知る手がかりとなる。

世代内移動と世代間移動

社会移動には，ある個人がその人生の中で経験する移動（世代内移動）と，親が所属する階層（あるいは階級，以下略）と本人が所属するようになる階層との間の変化，つまり世代をまたいで経験する移動（世代間移動）とがある。また，社会移動には，より高い階層への移動である上昇移動と，逆の下降移動とがあり，ある階層から同程度の階層への世代間移動のことを，（階層や階級の）再生産という。

身分制社会においては，武士の子は武士に，平民の子は平民に，という具合に身分間の移動が禁じられており，その階層構造は基本的に閉鎖的・静態的なものであった。対照的に，身分制が撤廃された近代社会においては，職業選択の自由や教育を受ける自由が保障されているために，個人はどのような生まれであっても努力次第でいくらでも裕福になれる機会を（逆に貧しくなる可能性も）持つという，開放的・流動的な階層構造が存在するとされる。しかし，現実には，完全に開放的な形で人々の移動が起こっている――人々が生まれや育ちに全く関係なく同じ確率で様々な階層に行き着いている――わけではない。そこで，現実の社会において，どの程度開放的・流動的な移動が起こっているのか，裏を返せば，その社会において階層ないし階級の再生産構造がどの程度生じて（残って）いるのか，ということが問題となる。

属性原理と業績原理

もう少し別の角度から考えてみよう。ある社会において，その人が社会的にどのような地位に就くかが，その人の努力や選択によっては変え得ない属性（ascription），例えば人種や性別や親の身分などによって決定されることを属性（主義）原理という。これに対して，学業成績や仕事の成果などのように，個人の努力によって達成した業績（achievement）

に基づいてその人の社会的地位が決定されること業績（主義）原理という。近代社会では，一般的に，その人が「誰であるか」よりもその人が「何を達成したか」が重視されるようになるという変化，すなわち，属性原理から業績原理へという変化が生じ，またそれが進んでいると考えられている。とはいえ，現実の社会においては，そうした変化が完全に達成されているとは言い難い。

例えば，2018年から19年にかけて，日本国内の複数の医療系大学の入試において，男性受験生や現役受験生は女性受験生や浪人生よりも有利に採点されていたということが発覚し社会的な非難を浴びた。これは，大学入試においては業績原理（学力）に基づいて公平に入学者の選抜がなされるべきであるのに，そこに性別や受験回数（≒年齢）を基準とした属性原理が持ち込まれ，かつそのこと自体も公表されていなかったことが問題視されたわけである。これは業績原理が貫徹されるべき部分に属性原理が混入していた（あるいは残存していた）比較的分かりやすい例であるが，社会全般に目を向けた場合，そのよしあしは別にして，業績原理と属性原理とが混在していることは少なくない。先程述べた社会移動における開放性の程度は，その社会において属性原理から業績原理への転換がどの程度進んでいるのか，あるいは，属性原理がどの程度弱まったのかということの目安の一つであると考えることができる。

2. 社会移動をどう把握するか[1]

地位達成過程への注目

社会移動の様相について具体的にどのように把握するのかについては，いくつかのアプローチがある。主なアプローチの１つ目は，地位達成過程に注目するアプローチである。このアプローチでは，個人の所属階層や親の所属階層を一次元の連続した指標――職業威信スコア等――に

[1] この節の解説に関しては，佐藤嘉倫（2008）に多くを負っている。

よって測定したうえで，本人の階層がどのような変数とどの程度相関しているか（どのような変数にどの程度影響されているか）が分析される。図９－１は，2005年に実施されたSSM調査[2]の結果のうち，パス解析という手法によって分析した結果をモデルに示した図の例である。図中の「現職」「初職」はそれぞれ本人の現在の職業，学校卒業後初めて就いた職業を指し，直線の矢印は，統計的に有意[3]と判断された影響関係とその方向を，曲線の両矢印は相関関係を指す。また，矢印に付記されている数字はそれぞれの影響の強弱の目安となる係数を表す。また，e_1～e_3は，図中に示されている変数以外の要因による影響を示す。この図によれば，本人現職に最も大きな影響を与えているのは初職（係数0.40），次いで本人の学歴（0.22）となっていて，父職が現職に与える影響（0.10）はそれらよりも小さい。また，父職が初職を経由して現職に与える間接的影響は（掛け合わせて得る0.09×0.40＝）0.036，父職が本人

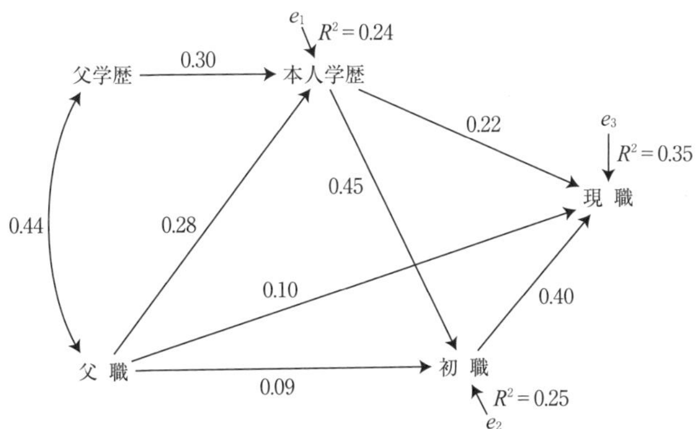

図９－１　地位達成過程のパス解析モデルの例

注：2005年SSMデータ。20－69歳男性1547ケース。「父職」は本人が15歳の時の父親の職業。分析には「職業威信スコア」を使用。R^2は決定係数といい，値が大きいほどそのモデルの説明力が強い。（出典：佐藤 2008）

2　1955年から10年ごとに全国の階層研究者によって実施されている「社会階層と社会移動全国調査」の略称。

3　統計理論上，影響関係が全くないとは言えない，という意味。

学歴を経由して与える影響は（0.28×0.22＝）0.0616で，地位達成においては父職よりも本人の学歴などの本人による業績のほうが影響が大きい，という結果を読み取ることができるわけである。

世代間移動への注目

社会移動の様相についてアプローチする際のもう一つの方法は，世代間移動に関する表を作成して，どのような世代間移動がどの程度起きているのかを把握するというものである。表9－1，表9－2は，その説明のための例である。ある社会が上層と下層という2つの階層によって把握される場合，表側（行）が出身階層，表頭（列）が本人の到達階層を示す。表9－1は，世代間移動が全くない社会の例であり，上層出身者はすべて上層に，下層出身者はすべて下層に行っている。これに対し，出身階層に全く影響されずに個人が地位達成する社会（つまりは機会の平等が完全に担保された社会）の例が，表9－2である。この例では，親世代における社会全体の構成が上層20%，下層80%という割合（表の右端の列）であったのに対し，本人世代では上層30%，下層70%という割合（表の最下段の行）に変化している。これは，産業構造の変化（例えばIT 化の進展により専門技術職の需要が増加する一方で現業職の需要が減少するなど）のような社会構造全体の変化によって階層構成が変化したことを意味する。そして，こうした変化によって生じる社会移動のことを構造移動（あるいは強制移動）とよび，構造移動以外の要素によって生じる移動のことを循環移動（あるいは純粋移動）とよぶ。

表9－2に例示した社会では，人々は出身階層に全く影響されることなく地位達成がなされており，どの階層に行き着くかは上層出身者も下層出身者も等確率となるため，上層出身者20人のうち上層に行き着く人は30%で6人となり，下層出身者80人のうち上層に行き着く人も30%な

表９－１　階層間の移動が全くない例（架空）

	上層	下層	合計
上層	20	0	20
下層	0	80	80
合計	20	80	100

表９－２　機会の平等が完全に担保された社会の例（架空）

	上層	下層	合計
上層	6	14	20
下層	24	56	80
合計	30	70	100

ので24人となる。

また，社会においてどの程度の人が世代間移動を経験したのかは，移動した人の数を全体の人数で割った粗移動率によって算出することができる。表９－１の例では〔(100－20－80)／100＝０〕で粗移動率は０となるのに対し，表９－２の例では〔(100－６－56)／100＝0.38〕で粗移動率は0.38となる。また，実際に起こった移動（事実移動）のうち，社会の構造変動に由来する移動つまり構造移動の割合（構造移動率）は，親世代と本人世代の上層・下層それぞれに対応する人数の差の絶対値を足し合わせて総計の２倍で割ったものであり，表９－１の例では（｜20－20｜＋｜80－80｜）／200＝０，表９－２の例では（｜20－30｜＋｜80－70｜）／200＝0.1となる。粗移動率は構造移動率と循環移動率を足し合わせたものであるため，表９－２の例の場合，循環移動率は0.38－0.1＝0.28となる。これらの割合から，表９－２の例で起きている事実移動のうちの（0.28／0.38≒）73.7％が循環移動によるものであり，26.3％が構造移動によるものであることが分かる。

移動表分析に関しては，これらの移動率のように社会全体の移動の様相を把握するための指標のほかにも，ある階層から別の階層への移動の起きやすさに関する指標である流出率や流入率などの様々な指標が開発[4]されており，実際の移動表分析においては，上記の例よりも細かい階層カテゴリーに基づいて作成された表について，それらの指標を用いた分析が行われている。

社会移動分析の課題

ここまで，SSM 調査のような量的調査にもとづく社会移動についての分析例を紹介してきた。こうしたアプローチを通じて私たちは，社会移動の全体的な様相をとらえることができる。ただ，こうした調査は多くの場合，住民基本台帳などに基づく標本抽出を行って得られた標本を調査対象者とする量的調査として実施されている。そのため，例えば住み込み先やネットカフェなどの不安定な居所を事実上の住まいとして転々とせざるを得ない（つまりホームレス状態にある）貧困層などは調査対象から漏れ落ちやすい。したがって，こうした分析は，一定の生活水準以上の人々の社会移動の様相を捉えたものであるという前提のうえで解釈する必要があり，より貧困な人々の社会移動の過程やそれを規定する社会的要因などについては，そうした人々を対象に据えた別の調査によるアプローチ――例えば路上や保護施設等での調査など――が試みられている[5]。また，量的調査の分析結果からは，地位達成過程におけ

4　各種指標の解説は専門的になり過ぎるため本書では割愛する。興味があれば，与謝野有紀ほか編（2006），佐藤俊樹（2000），佐藤嘉倫（2008），安田三郎（1971）などにあたってみてほしい。

5　例えば，2000年代以降に自治体や国によって実施されている野宿者（ホームレス）調査では，初職や最長職，現職などが調査項目として盛り込まれており，ある程度の社会移動のパターンの抽出が試みられている。生活保護施設の入所者の職業移動の履歴を分析したものとして岩田正美（1995）がある。

る変数間の端的な相関関係や影響関係を読み取ることはできるが，なぜ，どのようにしてそのような影響が生じるのかという点に関しては，量的調査ではなく，相対的に少数の調査対象者に対する長期間にわたる観察やインタビュー調査などによる解明が試みられている[6]。

3. 文化的再生産

アスピレーション

身分制が撤廃された近代社会においては，個人の出身階層によって進学や就職が直接に制限されることは原則としてはなく，それがなされることは差別として非難の対象となる。しかし，進学や就職において制度的に差別がなされてはいないにもかかわらず，社会には世代間移動における階層の再生産がある程度存在する。社会学ではそうした再生産の要因の一つとして，アスピレーションの差異に関心を向ける。アスピレーション（aspiration）とは，個人が社会的資源を獲得するために目標を達成しようとする要求のことを指す。よりよい条件の仕事を得ようとする要求のことを（職業）地位達成アスピレーションといい，また，高い学歴を獲得しようとする要求のことを教育達成アスピレーションという。

アスピレーションは，学力が同程度であっても生育家庭の経済状況によって大学などへの進学率が異なるという現象の説明などにおいて重要となる。こうした違いがみられる際には，進学した場合の学費などの経済的負担がどの程度重荷になるのか，という家庭の経済状況の直接的な影響ももちろんあるのだが，それ以前に，本人が進学についての意欲，つまり教育達成アスピレーションをどれだけ持っているか，ということも影響してくる。そして，そうしたアスピレーションの違いは，教育や進学に対する親の態度や考え方――例えば，大学まで進学するのは当然でそのために塾に通わせるのも当然と考えるか，無理に勉強して大学進

6　日本の非正規雇用の若者などに焦点を絞ってその地位達成過程における困難や制約を探求している最近の研究としては，例えば中西新太郎・高山智樹編（2009）や杉田真衣（2015），上間陽子（2017），打越正行（2019）などがある。

学するよりも早く社会に出て働いて人生経験を積んだほうがよいと考えるか――によっても影響を受けるということが明らかとなっている。

「野郎ども」の文化

一方で，アスピレーションの違いは生育家庭の親だけでなく友人などの身近な人々を通じて習得される文化によっても影響を受ける。そしてそうした文化はときに階級や階層の再生産を促進する。P. ウイリスは，1970年代にイギリスの工業都市の一つであるハマータウン（仮名）にある男子校に通う生徒たちを対象とした参与観察を行い，労働者階級（ここでの労働者は現業労働者のことを指す）の子弟が自発的に労働者階級になっていくメカニズムを明らかにしている。

ウイリスが主要な調査の対象とした12人の生徒のグループは，自らを「ラッズ」（the lads 野郎ども）とよぶ。ラッズの少年たちは，学校や教師に対する反抗的な態度を自分たちの文化として共有している。学校の授業にはほとんど価値がないと考えて真面目に授業を受けず，教師の指示をくだらないものと考えて適当にやり過ごし，教師に従順で真面目に授業を受ける生徒たちのことを「イヤーオールズ」（ear'oles 耳穴っ子）とよび嘲笑する。ラッズたちのこうした反学校文化は，労働者階級の文化，より具体的には工場労働者の職場文化――体力があることや荒々しい振る舞いを「男らしさ」として尊ぶ姿勢，工場長のような権威に対する反抗的な態度，仕事に直接結びつかないような知識を一蹴する姿勢――との間に共通項を持つ。こうした共通性は，ラッズたちが在学中からアルバイトや夜の街角での労働者階級の大人たちとの交流などを通じて労働者階級の文化に接する中で形作られていく（第4章で触れた予期的社会化も思い出してほしい）。こうした文化の習得過程の結果，ラッズたちは，“仕事に楽しいものなどない”といった一種の達観から，仕事の内容よりも職場の雰囲気を重視して自ら進んで肉体労働の仕事を選ぶ。雇う側も，仕事内容に妙な高望みをしないで日々の仕事をこなしてくれるラッズの若者たちを採用していく。その結果として，労働者階級の子弟が進んで労働者階級になっていくのである。

文化資本

一方で，P. ブルデューは，フランスにおいて公教育の無償制度が確立されて以降も高等教育への進学が出身階層によって大きく左右されるという事実に注目した。その問いに取り組む中で，貨幣や土地などの経済資本だけでなく，広い意味での文化に関わる有形・無形の所有物もまた個人にとって資本として機能すると考え，それらを文化資本（cultural capital／仏 capital culturel）とよんだ。

ブルデューによれば，文化資本は，身体化された文化資本，客体化された文化資本，制度化された文化資本という 3 つの形式をとる。身体化された文化資本とは，知識や教養，技能や趣味や感性などのことを指す。また，客体化された文化資本とは，書物や絵画，道具や機械（現代でいえばパソコンか）などを，制度化された文化資本とは，学校制度や各種の試験制度などによって付与される学歴や資格などのことを指す。

富裕層の子どもは，単に経済的に裕福な環境を享受するだけでなく，例えば幼少時から様々な礼儀作法や習い事を習得する機会に恵まれていたり，身近に文学書が豊富にあったり美術館や博物館に親に連れて行ってもらう機会が豊富にあったりして，富裕層ではない家庭の子どもよりも様々な面で卓越した振る舞いをすることができるようになり，そのことが高い学歴達成さらには職業的地位達成にも有利に働く。さらに，高い地位に就いた人々は，経済的な影響力のみならず，何が「高尚」で「上等」で「正統」な文化であるのかという文化の正統性の定義に関する影響力をも行使し，そのことによって社会の中での自らの優位性を（それとは気づかれない形で）正当化する。ブルデューはこれを象徴的暴力とよぶ。

文化資本概念のユニークさは，経済資本が貯蓄や不動産のような目に見えやすい形で親から子へ継承されるのに対し，立ち居振る舞いや芸術に対する感性などの目に見えにくい，しかし個人の社会的地位達成において有利に働くような「文化」を「資本」としてとらえ，その継承の過程に注意を振り向けた点にあり，日本でも教育社会学を中心に様々な分野で文化資本と階層の再生産の関係についての研究が行われている。

参考文献

Bourdieu, Pierre & Passeron, Jean-Claude, 1970, *La reproduction: Elèments pour une théorie du système d'enseignement*, Paris: Les Editions de Minuit.（=1991, 宮島喬訳『再生産――教育・社会・文化』藤原書店）

岩田正美，1995,『戦後社会福祉の展開と大都市最底辺』ミネルヴァ書房.

中西新太郎・高山智樹編，2009,『ノンエリート青年の社会空間――働くこと，生きること，「大人になる」ということ』大月書店.

佐藤俊樹，2000,『不平等社会日本――さよなら総中流』中央公論新社（中公新書).

佐藤嘉倫，2008,「機会の不平等」原純輔・佐藤嘉倫・大渕憲一編『社会階層と不平等』放送大学教育振興会：51-69.

杉田真衣，2015,『高卒女性の12年――不安定な労働，ゆるやかなつながり』大月書店.

上間陽子，2017,『裸足で逃げる――沖縄の夜の少女たち』太田出版.

打越正行，2019,『ヤンキーと地元――解体屋，風俗経営者，ヤミ業者になった沖縄の若者たち』筑摩書房.

Willis, Paul E, 1977, *Learning To Labour: How working class kids get working class jobs*, New York: Columbia University Press.（=1985, 熊沢誠・山田潤訳『ハマータウンの野郎ども――学校への反抗・労働への順応』筑摩書房（=1996,

ちくま学芸文庫))
安田三郎，1971，『社会移動の研究』東京大学出版会.
与謝野有紀・栗田宣義・高田洋・間淵領吾・安田雪編，2006，『社会の見方，測り方——計量社会学への招待』勁草書房.

10 逸脱と社会問題

《目標＆ポイント》 社会規範から外れることを逸脱という。何が逸脱とされるのかは一律に決まるわけではなく，社会が何を逸脱とみなすのかによる。この章では，逸脱の発生原因などに関してこれまでになされてきた主な理論と，そこから派生した，社会問題研究における社会的構築主義について解説する。

《キーワード》 逸脱，社会解体論，アノミー理論（緊張理論），分化的接触理論，ラベリング理論，割れ窓理論，社会的構築主義

1. 逸脱とは何か

逸脱の定義

社会学において逸脱（deviance）とは，社会規範から外れることを指す。逸脱は基本的には逸脱行動や逸脱行為のことを指すが，外見のような個人的な特徴や信念（例えば第二次世界大戦下の日本における反戦思想など）が逸脱とみなされることもある。また，第２章でも触れたように，社会規範には法律や条例のように明文化されたものもあれば，慣習のように明文化はされていないものの人々の間にある程度共有されているものもある。

そして，社会規範からの逸脱に対しては，様々な負のサンクション（制裁）が与えられる。それらの中には，法律に違反した場合の罰則のように，条文などによって明示され国家によって厳格に執行されるものもあれば，パーティー会場でその場の雰囲気にそぐわない言動をしてい

る人に対して周囲の人々がそっと距離をおいたりやんわりたしなめたりする，というようなインフォーマルで緩いものもある。

逸脱の相対性

いま述べた逸脱の定義からも分かるように，何が逸脱とされるかは一律に決まるわけではない。例えば，子どもが何か悪いことをしたときに親が子どもを叩くことは，かつての日本社会では「しつけ」の一環とされ特に問題とされなかったが，現代ではたとえ親から子への「しつけ」という理由であっても暴力は許されないという規範に背く，児童虐待という逸脱行為として扱われるようになりつつある。このように，何が逸脱とみなされるのかは，その時代，社会や集団，文化における社会規範にしたがって決まってくる。

犯罪と社会

逸脱が社会規範によって決定される，という考え方に関連して，É. デュルケムは犯罪（ここでデュルケムのいう「犯罪」の範囲は法に定められた犯罪よりももっと広く逸脱一般に近い）と社会の関係について興味深い視点を提供している。デュルケムによれば，犯罪がない社会というものは存在しない。たしかに，ある時代のある社会においては犯罪発生率が高く，別の時代あるいは別の社会においては低い，ということはあり得る。しかし，犯罪が全くない社会というものは存在しない。これは，「人間の中にはどのような矯正をしても直らないような悪意がある」からだけではなく，犯罪自体が「健康な社会」にとって「不可欠」なものであるからである。

デュルケムによれば，犯罪とは，その社会を構成する人々が大切であるとする価値（集合的感情）を傷つける行為である。例えば，他人の自転車を盗むという行為は，「他人の所有物は尊重されねばならない」という価値を傷つける行為であり犯罪として非難される。自転車窃盗がある程度頻発している社会では，窃盗が犯罪とされる一方で，自転車を「無断で借用する」という行為は窃盗ほどの非難にはあたらない（犯罪ではない）行為とされるかもしれない。しかし，その社会において誰も窃盗を行わなくなった場合，今度は無断借用が他人の所有物を尊重すべきという価値の重大な侵害である犯罪として非難の対象にされていく。同様に，非の打ち所がない聖人だけが集う修道院においては，俗世において犯罪とみなされるような行為は起きないかもしれないが，代わりに，聖人に求められるより厳しい規範がさだめられ，そこから外れた行為が俗世における犯罪に相当するような行為として非難や処罰の対象とされていく。このような意味において，犯罪は社会において「不可欠」なものである。

また，社会を構成する諸個人は，物理的な環境や遺伝的な性質などにおいて様々な個性をもった存在である。それゆえに，人々の行為は，その社会において一般的に期待されている行為からはなにがしかのズレをともなう。そうしたズレのうちの一部を人々が犯罪（的）であるとみなすのである。つまり，どのような行為が犯罪にあたるのかは，その行為の内容によってではなく，その社会が何を犯罪とみなすのかによって決まるという視点をデュルケムは提示しているのである。

2. 逸脱に関する諸学説

社会学（および犯罪学）における逸脱現象についての研究からは，様々な学説が生み出されてきた。以下，それらのうちの主なものをいくつか紹介してみたい。

社会解体論

逸脱現象がなぜ生じるのか，という点について説明を試みた議論としてまず挙げられるのは，社会解体（social disorganization）論である。この説においては，逸脱発生の主要因を，当該社会において社会が個人に及ぼす統制力の弱体化に求める。この議論は，20世紀前半のアメリカの大都市の一つであるシカゴにおける少年非行や犯罪といった現象への注目の中で生み出されてきた議論である。そこでは，例えば，同じ都市の中でも少年非行の発生率が地区によって異なっているということが測定される。そして，非行の発生率にその地区の社会的な統制力の弱体化が影響していることが指摘される。この場合の社会的な統制力とは，子どもに一貫した価値や規範を習得させたりその行為を監視したり社会活動への参加を促したりする力のことであり，その弱体化は，その地区の貧しさや人口の流動性の高さ，人種・民族の異質性の高さによってもたらされているとされた（宝月 2004）。

アノミー理論（緊張理論）

デュルケムは『自殺論』で，人々の欲求に際限がなくなった（無規制）状態をアノミー（仏 anomie）とよんだ。マートンは，このアノミー概念を再定義する形で，逸脱現象の発生メカニズムの説明を試みた。マートンは，逸脱の発生原因の一つとして，文化的目標とその実現のための手段とのバランスが崩れた緊張状態――マートンはこれをアノミーとよぶ――を挙げる。文化的目標とは，その社会において人々に共有され誰もが目指すべきとされる目標のことで，マートンによればアメリカ社会における文化的目標は経済的な成功である。一方で，文化的目標の実現の手段には，社会的に承認された手段（高い学歴を身につけより高賃金の仕事に就く等）もあれば，社会的には承認されていない手段（詐欺や麻薬の製造販売のような違法行為でお金を稼ぐ等）もある。一方で，社会にはなにがしかの機会の不平等が存在し，承認された手段を用いることが容易である人々がいる一方で，（人種や民族によって差別されたり成育家庭が貧困であったりして）それが容易ではない人々もいる。このとき，後者の人々には文化的目標と手段の間のバランスを欠いた緊張状態（アノミー）が生じる。それでもなお目標の達成を諦めきれないとき，人は社会的に承認されない（例えば違法な）手段を用いて目標を達成しようとする。これがアノミーによる逸脱行為の発生であり，このような逸脱は，承認された手段から締め出されやすい人々の間で生じやすい。社会が人々を文化的目標に向かって駆り立てつつもその反面で，ある人々を目標達成のための正当な手段から締め出すことによって逸脱が生じるという意味で，社会が逸脱の発生条件を生み出している側面に光をあてるのがアノミー理論であるとも言える。

分化的接触理論

ここまで述べてきた社会解体論もアノミー論も，社会的に不利な立場や不利な環境が，逸脱行為をする「可能性」を高めるということに説明を与える説である。いいかえれば，社会解体やアノミーはあくまでも集合レベルにおける逸脱行為の発生「可能性」を高める条件であって，個人の行為の「決定」的な要因なのではない。例えば，たとえスラム街において非行の発生率が高くても，スラム街の貧困家庭で生まれ育った若者がすべて非行少年になっていくわけではなく，個人は不遇な環境下にあっても何ほどかの選択をおこない，逸脱行為をする場合もあれば回避する場合もある。

この点に関して，個人が逸脱行動，とりわけ犯罪行動を選択・習得していく――いわば学習していく――過程に注目する理論の潮流がある[1]。

---

[1] ここで概括している逸脱行為の学習理論の全体像に関しては，齊藤知範（2014）がよくまとまっていて参考になる。

そしてその草分けとなった議論が，E. H. サザーランドによる分化的接触理論（Differential Association Theory）である。ここでいう「分化」は「文化」の誤植ではなく，様々に枝分かれしていくということ（differentiation）を指しており，個人が様々な人々と接触し相互作用を行い犯罪行動を習得していく過程で個人によって様々なヴァリエーションが生じてくるという点に注目するということを意味している。この理論は，「犯罪行動は習得される」「犯罪行動はコミュニケーション過程における他の人々との相互作用の中で学ばれる」「犯罪行動の習得の主な部分は親密な私的集団の中で行われる」などの９つの命題によって構成される理論である（表10-１）。

ここではこれらの命題について逐一解説することは省略するが，この理論のポイントは，ある個人が犯罪行動を行うようになるかどうかは単なる欲求の不充足によっては十分に説明できず，どのような人々と接触しどのようなことを習得したかという過程に注目することが必要であると主張した点にある。

第２章で，ショウによる少年非行の研究においては少年にとって誰が「重要な他者」であったか――誰の価値や役割期待を取得していったか――が重要であった，ということに触れたが，このように個人が社会化の過程で主体的に様々なことを学習していくという点を逸脱の発生という文脈においてさらに展開したのが分化的接触理論であるともいえる。なお，分化的接触理論はその後，習得の対象となる逸脱的な下位文化の内容やその習得の機会を規定する要因，あるいは学習が成立する心理学的条件などに注目する理論などへの展開がなされている。

表10-1　分化的接触理論の9つの命題

命題①	犯罪行動は学習される。
命題②	犯罪行動は，コミュニケーションの過程における他の人々との相互作用のなかで学習される。
命題③	犯罪行動の学習の主な成分は親密な私的集団のなかで行われる。
命題④	犯罪行動が学習される場合，その内容は，(a) 犯罪遂行の技術（それはときにはきわめて複雑であることもあれば，きわめて単純であることもある)，(b) 動機，衝動，合理化，態度などの特定の方向づけである。
命題⑤	動機および衝動に関する方向づけは法規範の肯定または否定から学習される。
命題⑥	法律違反を望ましいとする考えが法律違反を望ましくないとする考えを上回ったときに，人は犯罪者となる。
命題⑦	分化的接触は，頻度，期間，順位，強度において様々である。
命題⑧	犯罪的行動型および非犯罪的行動型との接触による犯罪行動学習の過程は，他のあらゆる学習に含まれる仕組みのすべてを含んでいる。
命題⑨	犯罪行動は一般的な欲求および価値の表現であるが，非犯罪行動もまた同じ欲求および価値の表現であるから，犯罪行動をそれらの一般的欲求および価値によっては説明することができない。

（出所） Sutherland and Cressey（1960＝1964）を元に作成。
出典：齊藤知範（2014)。なお齊藤の訳においては「習得」は「学習」に変更されている。

ラベリング理論

一方で，1960年代には，それまでの逸脱行動に関する視点を大きく転換するような理論がH. S. ベッカーによって提起された。それがラベリング理論（labeling theory レイベリング理論とも訳される）である。ラベリングとは，例えばワインのボトルにラベルを貼るように，ある行為や人に対して人がレッテルを貼ることを指す。

この理論は，前節で犯罪と社会の関係についてデュルケムが提起した視点——何が犯罪にあたるのかは社会によって決まる——をさらに推し進めた議論でもある。ラベリング理論では，逸脱行為や逸脱者そのものよりも，人々が何を逸脱とみなし逸脱者をどのように取り扱うか，という人々の活動に注目がなされる。何が逸脱とされるかは「自然に」決まるわけではなく，人々がある行為に逸脱であるというラベルを貼る——その行為を逸脱行為であると主張する——ことによって初めてその行為は逸脱とみなされる。さらに，逸脱に対してサンクションを与える行為——例えば犯罪の取り締まり——も「自然に」行われるのではなく，警察官などの執行者によって，ある幅をもった裁量（それが法的に正当であるかはさておき）の範囲で行われる。そこでは，執行者がどのような利害関心に基づいて裁量権を行使しているか——ラベルを貼ったり貼らなかったりしているか——も考察の対象となる。例えばアメリカでは，同じような犯罪を犯していることが現認されてもその犯罪者の人種や民族によって警察の対応に違いがあること（そしてまたそのことが問題とされること）がしばしば指摘されるが，ラベリング理論はこうした違いがなぜ生じるのか，さらにその背景にどのような社会構造（例えば警察組織における人種的偏見など）があるのかにも目を向けることで，逸脱現象から社会構造をあぶり出すことを試みるのである。

さらにラベリング理論を通じてベッカーは，ある行為（者）に最初のラベリングがなされる局面だけでなく，ラベリングがなされることによって逸脱が深化していくという過程（逸脱経歴）へも注意を促す。例えば，軽微な逸脱行為についてたまたま（あるいは警官の人種的偏見などに基づいて）取り締まりに遭った人は，そのことによって，社会（あるいは社会のマジョリティ）から自分が逸脱者とみなされていることを知る。そうしたラベリングが繰り返されていく中で身近な人々がその個人を逸脱者として処遇する——「警察につかまったことがある人」とみて距離を置くようになる等——ようになると，その個人は自身について逸脱者としてのアイデンティティを形成していき，「不良集団」や「犯罪集団」に参与していくようになり，逸脱行動を深化させていく，ということである。

ラベリング理論は，逸脱行為をそれを統制する側との関係において捉える視点の重要性――例えば，治安の向上を掲げて犯罪取り締まりを強化することでそれまで認知されていなかった犯罪の件数（暗数）も計上されることによって犯罪認知件数はむしろ増加するなど――を示したほか，後で述べる社会的構築主義による社会問題研究へも応用がなされていった。ただしその一方で，どのような行為にラベリングがなされるのかというラベリングの条件や，逸脱経歴におけるラベリングの影響の妥当性などに関しては，検証による様々な批判もなされてきている。

割れ窓理論

一方で，（必ずしも社会学に限定されない）犯罪研究のうち，犯罪が発生する環境的要因（物理的な環境要因もあれば人的な環境要因もある）に注目する環境犯罪学という分野からは，1980年代以降，犯罪統制に関する割れ窓理論（broken windows theory）が提起されてきている（代表的なものに Kelling & Coles 1996＝2004）。割れ窓理論の関心はいかにして「治安悪化」を抑止するかという点にあり，その基本的な発想は，小さな無秩序を放置しておくと大きな無秩序を招く，というものである。

ある地域社会の１軒の空き家の１枚の窓ガラスが割れているのが放置されていると，それを見た人は，その空き家はきちんと管理されていないと感じる。その状態が続くうちに，事故にせよ犯罪者による故意にせよ，他の窓ガラスも割られていくと，空き家のみならず空き家も含めたその近所全体に「荒れた地域」というイメージが形作られていき，住民の流出が起きる。その結果，地域への住民の目が行き届かなくなることによって，犯罪を行いやすい条件——どうせ誰も見ていないだろう——がととのい，その地域の外部から犯罪者が犯罪を行いに来るようになり，その地域の治安悪化が加速する——これが割れ窓理論の基本的な発想である。

そしてこの割れ窓理論に基づく犯罪統制策が，日本も含む先進国で治安の回復や向上に向けた取り組みとして実施されてきた。そこでは，割れ窓に相当するような小さな無秩序への介入——例えば，街頭の落書きや放置自転車，ポイ捨てされたごみなどの撤去や片付けがなされると同時に，落書きや違法駐車，貧困者による物乞いなどの（軽微な）違法行為に対して一切容赦しない厳しい取り締まりがなされていった。特に，1990年代にニューヨーク市で実施されたこうした政策はゼロ・トレランス政策（zero tolerance policy）とよばれ，割れ窓理論の知名度向上に一役買った[2]。

日本においても，1990年代以降様々な地域で，この割れ窓理論やゼロ・トレランス政策を参考にして，「安心・安全まちづくり」などの名称で，自治体（とりわけ警察）と住民（町内会や商店会等）が協力しての取り組みが展開されている。具体的な活動としては，繁華街などでの違法行為の取り締まりや巡回監視，街路清掃や放置自転車撤去，「不審人物」を見かけた際の声掛けや電子メール等での注意喚起，街頭への「防犯カメラ」の設置などが挙げられる。こうした活動は，その活動への参加自体が住民の社会的結束を高め，そのことによって住民の安心感を高めることにもつながっていると考えられる。

ただし，割れ窓理論に基づくこうした活動に対しては，様々な批判（あるいは懸念点）もある。例えば，ある地域における犯罪が起きやすい環境条件の改善は，犯罪者が犯罪を犯す根本原因の解消による犯罪全体の減少にはつながらないかもしれない。たしかに「その地域におけ

2　なお，1990年代にニューヨーク市において治安回復が見られたことは様々に指摘されているが，それがゼロ・トレランス政策の効果であったのかについては諸説ある。

る」犯罪は減少するかもしれないが，それは犯罪者が別の地域に行くだけのことかもしれない。また，「防犯カメラ」の設置は，起きてしまった犯罪の捜査にはある程度活用可能かもしれないが，必ずしもプライバシー保護のための手続きが十分に踏まえられていない場合や機器のセキュリティ設定が適切に設定されていない場合もあり，プライバシー侵害の社会的リスクはむしろ高まっている。さらに，こうした活動では，野宿者（いわゆるホームレスの人々）や精神障害者，あるいは外国人など偏見の目で見られやすい人々は「不審人物」とみなされがちであり，対応の仕方によっては，そうした人々への偏見や社会的排除を助長してしまう危険もある。

3. 社会問題と社会的構築主義

社会問題の社会学

最後に，逸脱に関するラベリング理論から派生する形で生まれた，社会的構築主義という視点について紹介しておきたい。社会学は，しばしば「社会問題」（social problem）とよばれる問題を研究対象としてきた。世の中で社会問題として挙げられる問題には様々なものがある。差別問題，老老介護問題，過労死問題，貧困問題，環境問題，ホームレス問題，ひきこもり問題……挙げだせばきりがない。社会問題について社会学において考察する際には，その問題がどのような問題であって，問題の本質が何であり，社会構造に由来する原因は何であり，どのような解決策が有効かつ必要であるのか，といった事柄についての探求がなされるのがオーソドックスな考え方である。こうした，社会問題そのものに注目する考え方から，社会問題を人々がどのように扱っているかに注目する考え方に視点をずらす――ちょうどラベリング理論が逸脱そのものからラベリングへ注目点を移したように――のが，J．キツセとM. スペクターによって提起された社会的構築主義（social constructionism 以下，構築主義と略す）である。

人々の活動から社会問題を捉える

キツセらは，社会問題が素朴に「ある」とは考えない。彼らは「社会問題は，なんらかの想定された状態について苦情を述べ，クレイムを申し立てる個人やグループの活動である」（Kitsuse & Specter, 1977＝1990：119）という。社会についてのある状態（それが事実であるかどうかはさしあたり問わない）について，“これはよくない状態である（だからなんとかすべきである）”という主張を人々が表明する（claims-making クレイム申し立て）ことによって初めて，その状態が社会問題であるという認識が社会の中で形作られるのであり，このクレイム申し立て活動こそが社会問題なのである，というのが構築主義の社会問題の捉え方である。

そして，この構築主義の立場からの社会問題の研究においては，誰が，どのような状態を，どのような問題であると定義し，どのような主張を展開し，どのような解決策を求め（てい）るのか，ということが探求の対象となる。さらに，その過程では，クレイム申し立てをする複数の主体（行政，企業，住民団体，社会運動団体等々）が主張するクレイムの間にどのような相違があり，どのような点をめぐって論争や対立が起こり，クレイムの正当性を獲得するためにどのようなレトリックが駆使されているのか，といったことも探求の対象とされる。構築主義においては，研究者は，考察の対象とされる個別の社会問題のクレイム申し立てにおいて「問題である」とされる状態が真であるか否かといった判断をいったん停止したうえで，人々がどのようなクレイム申し立て活動を展開しているかに注目する。

社会問題についての構築主義的アプローチでは，様々な社会問題についてのクレイム申し立て活動の展開過程についての知見を収集・蓄積することによって社会問題の展開のパターン，「社会問題の自然史モデル（natural history model）」を追求する立場もあれば，個別の社会問題に注目してクレイム申し立ての内容や文脈を丁寧に読み解くことによってその問題の背後にある社会構造に迫ろうとする立場もあり，現在も様々な応用可能性が模索されている。

参考文献

Becker, Howard S., 1963, *Outsiders: Studies in the Sociology of Deviance*, New York: The Free Press.（＝2011，村上直之訳『完訳アウトサイダーズ――ラベリング理論再考』現代人文社）

Durkheim, Émile, 1895, *Les Règles de la Méthode Sociologique*. Paris: Félix Alcan.（＝1978，宮島喬訳『社会学的方法の規準』岩波書店）

宝月誠，2004，「社会的世界と『社会解体』」宝月誠・吉原直樹編『初期シカゴ学派の世界――思想・モノグラフ・社会的背景』恒星社厚生閣：153-73.

Kelling, George L. & Coles, Catherine M., 1996, *Fixing Broken Windows: Restoring Order and Reducing Crime in Our Communities*, New York: The Free Press.（＝2004，小宮信夫監訳『割れ窓理論による犯罪防止――コミュニティの安全をどう確保するか』文化書房博文社）

Kitsuse, J.I. & Specter, M.B., 1977, *Constructing Social Problems*, Menlo Park: Cummings Publishing.（=1990，村上直之・中河伸俊・鮎川潤・森俊太訳『社会問題の構築――ラベリング理論をこえて』マルジュ社）

齊藤知範，2014，「犯罪行動が学習される？――学習理論」岡邊健編『犯罪・非行の社会学――常識をとらえなおす視座』有斐閣：131-46.

Sutherland, E. H. & Cressey, D. R., 1960, *Principles of Criminology, 6th ed.*, Philadelphia: J. B. Lippincott Company.（＝1964，平野龍一・所一彦訳『犯罪の原因――刑事学原論Ⅰ』有信堂）

11　都市

《目標＆ポイント》 社会学にとって都市は特別な研究対象の一つとされてきた。この章では，社会学が都市という集落に注目してきた理由，都市の捉え方，コミュニティという概念の多義性，都市化が人間関係に及ぼす影響，都市の空間構造に関する学説などについて解説する。
《キーワード》 都市＝村落連続法，コミュニティ，分析概念と期待概念，コミュニティ喪失説／存続説／解放説，同心円地帯モデル，扇状地帯モデル，文化生態学派，社会地区分析

1．社会学にとっての都市

社会学はなぜ都市に注目してきたのか

社会学がその黎明期から注目してきた対象の一つに，人間が実際に社会生活を繰り広げる物理的空間である，集落がある。そして，その集落中でも，都市という集落は，社会学において特に重要な研究対象とされてきた。

社会学の草創期を代表する社会学者であり，同時に，都市に注目することの社会学的な重要性を指摘した人物の１人に，G. ジンメルがいる。彼は，1903年に当時のヨーロッパの大都市を念頭に著したエッセイ「大都市と精神生活」の中で，都市では大量の人口が集中しているというまさにそのことによって，その内部に様々な専門的な職業が成立している，すなわち経済的な分業が発達していることを指摘している。分業の発達以外にもジンメルは，都市においては，村落的な社会には見られなかっ

たような様々な現象が社会や個人に生じるようになると主張する。例えば，都市での生活は複雑さを増しているので，人々は物事を貨幣に換算して計算して考えるようになるとともに，日々の生活の中で時間的な正確さを求めるようになる。また，都市での生活は様々な刺激に満ちているため，都市で生活する人々は次第に，そうした刺激に対して敏感に反応しなくなり，飽きっぽくなる。さらに都市においては，人と人とが接触する時間が平均的に短くなり一面的になるために，その分相手に与える印象を強めようとして，個人の個性が強調されるようになる，といった具合である。ただし，都市についてのジンメルのこうした主張が当時のヨーロッパの大都市に関してどの程度妥当なものであったのかという点については，ジンメルの主張が多岐にわたっていて抽象度も高く，直接に検証することは困難であるため，ここではあまり立ち入らないでおこう。ここで注目したいのは，ジンメルがわざわざ大都市に注目したことの意味である。

第１章でも触れたように，社会学は，政治学や法学，経済学といった他の社会科学よりもずっと後，市民革命や産業革命を含む近代化という大きな社会変動のうねりの中で誕生した学問である。そしてそこでの根本的な問題関心は，近代化という社会変動が人間社会に何をもたらしていて，人間社会はどのように変化していくのか，という点にあった。こうした問題関心を抱いた社会学者の１人であるジンメルにとって，都市という集落は，近代化という社会変動が人間社会に与える影響が最も先端的な形をとって現れる場であり，それゆえにジンメルは都市それ自体が社会学的に検討に値する重要な対象であるという提起を行なったのである。

なお，ジンメルは都市が社会学にとって重要な対象であるという問題提起は行ったものの，都市についての社会学的な研究を具体的にどのように深めていくべきか，という点についてはあまり踏み込まなかった。このジンメルの問題提起を受けて都市という集落の研究の方法を具体的に模索し，都市を対象とした固有の研究領域を打ち立てたのは，20世紀初め，アメリカのシカゴ大学に集った一群の人々——のちにシカゴ学派とよばれる——であり，そこを皮切りに展開された研究は現在では都市社会学（urban sociology）として社会学の中の一分野をなしている。

都市＝村落連続法という視点

では，都市社会学において都市はどのようにとらえられるのだろうか。日常生活の中でしばしば私たちは，特定の地域について，それが都市とよべるのかどうか（もっと俗にいえば“都会か田舎か”）を話題にすることがある。大阪市や名古屋市，ニューヨーク市などを「都市」とよぶことに異論を唱える人はおそらくいないだろうし，「～村」という自治体を“都市ではない”と言うことに異論を差し挟む人もあまりいないだろう。しかし，「～町」という自治体の場合はどうだろうか。また，名称としては「～市」であってもどこまでものどかな田園風景が広がっている地域を「都市」とよぶことには躊躇する人もいるのではないだろうか。

実は，こうした混乱は，都市と村落を対立的なものとみる都市＝村落二分法（rural-urban dichotomy）という思考法に依っていることにより生じるものである。こうした混乱を回避しつつ，都市についてより深く洞察するための考え方に，都市＝村落連続法（rural-urban continuum）[1]がある。これは，都市と村落を一つの連続体とみなす考え方のことである。図11-1を見てほしい。

この図では，左右に伸びる直線の左端に「村落」，右端に「都市」と書かれている。この両端の「村落」「都市」は，理念型としての村落・

1　都市＝農村連続体説，あるいは都鄙連続体説ともよばれる。

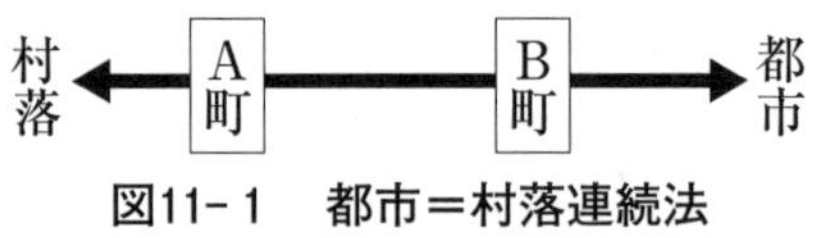

図11-1　都市＝村落連続法

都市（論理的に突き詰めて設定する，現実には存在しない型）である[2]。仮に，都市を「人口密度の高い地域である」と定義したとすると，図の右端の理念型としての都市とは，人間が社会生活を営むことができる限界まで人口が密集した地域のことであり，左端の理念型としての村落はその逆ということになる。こうした連続体を想定すると，現実に存在する地域は，この直線上のどこかに位置づけることができる。その場合，直線上で右寄りに位置すればするほどその集落はより都市的である，ということを意味する。例えば，A町とB町がそれぞれの人口密度から図のように位置づけられた場合，A町よりもB町のほうが都市的である，ということになる。また，ある町が時間の経過とともに人口密度が高まっていった場合，図中では左から右へとその位置を移していくことになるが，これは，その町がより都市的になった，ということを意味する。このように，ある地域がより都市的な地域へと変化することを「都市化」(urbanization）とよぶ。

このようにして，都市＝村落連続法という考え方を採用して，現実の地域を都市＝村落連続体上に位置付けて考察すると，地域の都市化が進むことによってその地域の内部においてどのような変化が起きるのか，といったことについて，例えば，都市度（都市化が進んでいる程度）が異なる地域間の比較や，一つの地域のある時点とある時点の間の比較を通じて，より踏み込んだ分析や考察が可能になるのである。

なお，上記の例では話を分かりやすくするために，都市を人口密度の高さのみによって定義したが，都市をどう定義するかについては，論者

2　第2章の注1も参照のこと。

によって幅がある。例えば，この都市＝村落連続法の重要性を提起した社会学者のL. ワースは，1938年に発表した「生活様式としてのアーバニズム」という論文で，都市を（1）人口が大きく，（2）人口密度が高く，（3）人口の異質性（人種や民族の多様性）が高い，という3点によって特徴づけられる永続的な居住地としている（Wirth 1938＝2011）が，その地域の人口量の大きさのみに限定して都市を定義する立場もある。

2. コミュニティとは

コミュニティ概念の多義性

「コミュニティ（community)」という言葉は，都市社会学や地域社会学における専門用語でもあるが，一般的な日本語としても用いられており，その言葉が指す範囲や意味もまた，一様ではない。例えば，「科学者コミュニティ」や「芸術家コミュニティ」のように，共通の関心や利害によって結びついている（ただし必ずしも直接的な相互作用があるわけではない）人々の集合体一般を指して「コミュニティ」という言葉が用いられる場合がある。また最近では，インターネット上で展開される特定の趣味や関心を同じくする人同士の集合体を指して「〜コミュニティ」とよぶこともある。こうした場合の「コミュニティ」には，その空間的な範域（そのメンバーが住んでいる地理的範囲）には特に意味は見出されない。しかし，このように地域性にこだわらない集合体を「コミュニティ」とよぶ用法は，交通・通信手段が発達し，相手がどこに住んでいるか，どの程度頻繁に対面で会っているかということにあまり縛られずに人々がつながりを形成し維持できるようになったことによって用いられるようになった用法であるといってもよい。

社会学における古典的な定義では，「コミュニティ」は何よりもまず，一定の地理的な範囲において展開される人間の社会生活の有り様を指す。例えばR. M. マッキーヴァーは，1917年の著書『コミュニティ』の中で，コミュニティという概念をアソシエーション（association）と対比させながら，次のように定義する。「私は，コミュニティという語を，村とか町，あるいは地方とか国とかもっと広い範囲の共同生活のいずれかの領域を指すのに用いようと思う。〔中略〕アソシエーションとは，社会的存在がある共同の関心〔利害〕または諸関心を追求するための組織体（あるいは〈組織される〉社会的存在の一団）である」（MacIver 1917＝1975）。マッキーヴァーの「コミュニティ」規定は，地域性と共同性によって特徴づけられるとひとまずは言うことができる。しかし，上記の引用からもうかがえるように，彼にとっての「コミュニティ」は，あくまでも，明確で限定的な関心や目的のもとに結成されるアソシエーションとの対比において論じられる，より包括的な領域とされている。そのため，その空間的範囲は村から国にまでおよぶ伸縮自在なものとされており，またその内部で展開されているところの「共同生活」の中身にも相当な幅がある。

それから30年以上後，G. A. ヒラリーは，1955年に著した「コミュニティの定義」という論文で，既存の94の研究において「コミュニティ」という概念がどのように定義され用いられているのかを検討している。そしてヒラリーは，同じ「コミュニティ」という言葉を使っていても，その定義には論者によってかなりの幅があり，完全に一致した定義というものは存在しないことを確認したうえで，大半の論者によって「コミュニティ」を定義づける要素として共有されている点として，一定の地理的な範囲を前提として，その内部で社会的相互作用が広汎になされていること，また，その成員が共通の絆によって結ばれていることを挙げている（Hillery 1955）。

分析概念としてのコミュニティと期待概念としてのコミュニティ

ヒラリーが抽出した「コミュニティ」の定義は，一定の地理的範囲において実際に存在するある種の社会関係の束，つまりは，ある特性を備えた実体としての地域社会を指す言葉であると解することができる[3]。つまり，「コミュニティ」という言葉は，まずもって，実際に存在する地域社会の有り様を把握するための概念――分析概念として用いられてきた。しかしながら，日本においては，「コミュニティ」は，実体を指す言葉としてだけではなく，地域社会の“ある望ましい状態”を指す言葉として，すなわち，期待概念としても用いられてきた。

日本の少なくない市町村には，コミュニティセンター（しばしば略してコミセン）とよばれる集会施設が設置されている。こうした集会施設の多くは，主に1970年代に，政府が主導して，住民の社会的活動を活性化するための施策（いわゆるコミュニティ政策）の一環として作られたものである。その背景にあったのは，戦後日本社会が急速に都市化する中で，村落社会においてみられたような地域内の相互扶助的関係が衰退し多くの住民が私生活に埋没するようになったことにより，地域社会において様々な問題が生じている，という認識である。そしてこうした認識のもと，日本では，先述したコミュニティセンターの設置も含め様々なコミュニティ政策が行われ，それに触発される形で社会学者も1970年代以降，「コミュニティ」形成についての様々な研究を展開するようになった。こうした文脈で用いられているところの「コミュニティ」は，地域社会の実態そのものではなく，ある理想的な地域社会の状態（その中身は論者によって様々である）を指す期待概念であった。そこでは，実際に存在する地域社会の有り様が「コミュニティ」にどの程度近いものであるのか，あるいは，実際の地域社会の変化が「コミュニティ」形成の方向に向かっているのか，あるいは，ある地域において展開されて

3　ここで「ある特性を備えた」という但し書きをつけているのは，実際の地域社会の中には，ヒラリーが抽出した要素のうち広汎な相互作用や共通の絆が欠如しているあるいは弱まっているものもあるためである。

いる政策や住民運動などが「コミュニティ」形成にとってどのような意味があるのか，といったことなどについての検討がなされてきた。

このように，「コミュニティ」は，地域社会の実態を明らかにするための分析概念としてだけでなく，実際にそうであるかどうかにかかわらず地域社会のある理想的な状態を指す期待概念としても用いられてきた。

しかしながら，残念なことに，コミュニティについて論じた様々な文献の中には，「コミュニティ」を分析概念として用いているのか期待概念として用いているのかを明示していない（しばしばその文献の著者自身の頭の中でも区別できていない）ものも少なくない。また，例えば「コミュニティ形成」といった文言とともに期待概念として「コミュニティ」を用いていても，どのような状態を「コミュニティ」として定義しているのかがあいまいである場合もある。「コミュニティ」という言葉につきまとう“とらえどころのなさ”や“分かりにくさ”の一端は，こうした点に起因している。それゆえ，「コミュニティ」という言葉に遭遇したときには，分析概念なのか期待概念なのか，あるいはその区別があいまいであるのか，また，地理的な限定のもとに用いられている概念であるのかそうではないのか，といったことを意識しながら読むとよい。

3. 都市住民は孤独？

コミュニティ問題

社会学が都市に注目する際に立ててきた（解き明かすべきとした）問いは多岐にわたっているが，その中でももっとも関心が持たれてきた問いの一つは，“都市化という変化はその地域で暮らす人々の親密な人間関係にどのような影響を与えるか”という問いである。この問いをB.ウェルマンはコミュニティ問題（community question）とよび，この問いに対する説として，（1）コミュニティ喪失（community lost）説，（2）コミュニティ存続（community saved）説，（3）コミュニティ解放（community liberated）説という3つの説を挙げている（Wellman 1979＝2006）。順に解説していこう。

コミュニティ喪失説とコミュニティ存続説

コミュニティ喪失説は，シカゴ学派のワースなどによって唱えられた説であり，都市という集落においては（あるいは都市化が進むと）人々の間の親密な人間関係は衰退していく，すなわち，コミュニティが失われていく，という説である。ただしこの説は，必ずしも十分な論拠を持って提示されたものではなかった。

このコミュニティ喪失説に対し，具体的な都市における調査研究から都市においても親密な人間関係は存続し続けていることを指摘する説が，コミュニティ存続説である。代表的な例としては，H. ガンズが著した『都市の村人たち』を挙げることができる。ガンズは，1957年から58年にかけてアメリカの都市ボストンのウエストエンド地区で参与観察を実施した。当時のウエストエンド地区はイタリア系アメリカ人が集中する地区で住民は全体的に低所得――後にこの地区は市によってスラム地区に指定される――であったが，ガンズがそこで見出したのは，ウエストエンド地区の住民が，家族や近隣の友人によって構成された仲間集団との頻繁で濃密な接触の中で日々の生活を送っており，そうした仲間集団こそが住民にとってもっとも重要な関心事になっているという事実であった。つまりガンズは，都市においても集落内での濃密な人間関係――コミュニティ――が存続し続けている事実を提示することで，コミュニティ喪失説を批判したのである。ただし，都市においても濃密な人間関係が「必ず」存続し続けるわけではなく，同じボストンの中にあっても，濃密な近隣関係が薄れている地区もある。ガンズは，こうした違いを，その地区の住民の社会・経済的地位に結びついた文化——仲間集団を重視するという（現業）労働者階級の文化——に求めている。

コミュニティ解放説

一方で，これらのコミュニティ喪失説，存続説とは別の角度から，都市における人間関係の有り様に光をあてたのが，コミュニティ解放説である。この説のユニークな点は，他の2つの説が暗黙のうちに自明視していた，親密な人間関係と地理的な近接性との結びつき——親しい友人は対面的に接触可能な近所の人や同じ職場の人であるはずだ——を切り離した点にある。解放説の基本的な主張は，人々の親密な結びつき（第一次的紐帯）はあちこちに存在しており，都市に住んでいるほどその空間的な分布は分散する傾向にある，というものである。ウェルマンは，1968年にカナダの都市であるトロントのイーストヨーク地区で住民に対し，親しい友人に関する調査を行った。その結果明らかになったのは，この地区の住民たちが，親密な人間関係（この調査では困ったときに援助を求めることができるような関係）をある程度維持していること，ただしそうした友人のうち，同じ地区に住んでいる隣人である人は1割程度に過ぎず，多くはトロント大都市圏に住んでいることであった。さらにC. フィッシャーらは，1977年に北カリフォルニアのサンフランシスコとそれより規模の小さな都市（いわば都市度が低い地域）とで友人関係に関する比較調査を行っている。その結果，大都市とそうでない都市とで援助を頼めるような友人関係の数にはほとんど差がないこと，一方で，大都市に住んでいる人ほどその友人関係が遠方に広がっていることを明らかにしている（Fischer 1982＝2002）。つまり，都市化という変化は，そこで暮らす人々の親しい友人関係を空間的な制約から解放し分散させるのである——これがコミュニティ解放説の主張である[4]。

コミュニティ解放説のこうした主張は，実証研究によって日本においてもある程度適合的であることが明らかとなっている（松本 1995)。ただし，このコミュニティ解放説にみられる都市の人間関係の特徴は，あくまでも都市化が人々の人間関係にもたらす一般的な影響であり，都市で暮らす人々のすべてが親密な人間関係を遠方に豊富に保持しているというわけではない。例えば，都市部に暮らす人であっても，低所得の人の場合，遠方の友人との接触にかかる交通費の負担が大きいことなどから，友人関係が近隣に集中しやすいことが各種の調査から明らかになっている。

4. 都市の空間編成

同心円地帯モデル

都市社会学が関心を寄せてきた点の一つに，地理的な空間と社会との関係がある。一口に「都市」といっても，その内部は一様ではない。繁華街もあれば住宅地もあるし，下町もあれば高級住宅街もある。都市空間は，こうした特徴ある様々な地区によって構成されたモザイク画であるとも言える。こうした様々な地区はどのようにして形作られるのか，そこになんらかの法則性があるのではないか，という問いに対する答えとしてシカゴ学派のE. バージェスがシカゴ市の空間構造の検討から導き出したのが，都市空間の同心円地帯モデル（同心円地帯仮説）である（図11-2）。このモデルでは，都市の拡大過程を，同心円の拡大過程としてとらえている。

まず，同心円の中心，図中では「Loop」（シカゴの鉄道の環状線の通

4　なお，都市において友人関係が空間的に分散する理由としては，大都市であるほど道路網や公共交通機関が発達しているために遠方の友人との接触が相対的に容易で友人関係が維持しやすいことや，大都市には就学や就職のために様々な地域から人々が集まりまた各地へ移動していくために，いったんできた友人関係が遠方の友人関係に変化しやすい，ということなどが考えられる。

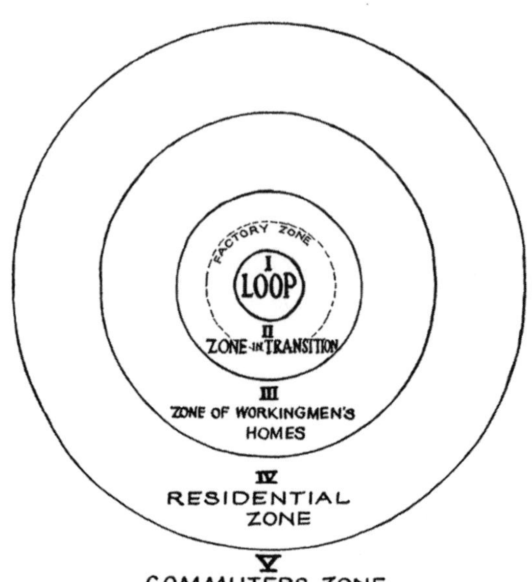

CHART 1. The Growth of the City

図11-2　(出典：Burgess 1925)

称）と書かれている円の内側，いわゆる都心は，図中には明示されていないが，中心業務地区（Central Business District／C.B.D.）としての様相を呈する。オフィスビルや商業施設などが集中する地区である。そしてそのすぐ外側に工場地帯（Factory Zone）が広がるが，工場地帯を含む２つ目の同心円が遷移地帯（推移地帯 Zone in Transition）である。この地帯は，低所得者が住む低質なアパート地帯で，スラム街としての様相を呈する。なぜか。この地帯は都市の拡大にともなっていずれ再開発の対象となることが見込まれているため，建物の所有者は，建物の老朽化が進んでいてもその積極的なリノベーションなどは手控える。住宅の質が低下している分，家賃が安く設定されるため，シカゴに来住してきてまもない移民などの低所得者が集中する地帯となるのである。そしてその外側に広がるのが，遷移地帯の工場などに通勤する現業労働者の住宅地帯（Zone of Workingmen's Homes）である。そしてその外側に広がるのが，現業労働者よりもさらに経済的に余裕のあるホワイトカラーなどの住宅地帯（Residential Zone）である。さらにその外側に広がるのが（1920年代当時において自動車の保有が可能であるほどの）富裕者がゆったりした敷地に家を構える郊外住宅地である「通勤者地帯」（Commuters Zone）である。つまり，この図は，都心からの距離と経済的条件に応じて都市の中で人々の住み分け（居住分化）がなされている構造を示しているのである。

このモデルは，ある時点における都市の静態的な空間構造を示していると同時に，2つの動態をも示している。一つは，住民の階層の上昇移動にともなう居住地の移動である。都市に移住してきてまもなく経済的に余裕がない人々は遷移地帯の低質な住宅に住むが，安定した職に就くなどして経済的な上昇移動を遂げる（それはときには親・子・孫といった世代をまたぐ移動となる場合もある）とよりよい住宅を求めて，その外側へ外側へと居住地を移していく，という動態である。もう一つの動態は，都市それ自体の拡大という変化である。都市が拡大していく際，遷移地帯が中心業務地区に変化していくと，その外側の労働者住宅地帯が遷移地帯へと変化し，その外側の住宅地帯が労働者住宅地帯に変化し…という具合に，同心円構造自体は維持されたまま，それぞれの地帯が外側へと広がっていく，という動態である。

扇状地帯（セクター）モデル

この同心円地帯モデルは，バージェスがシカゴという具体的な都市において観察された空間構造に着想を得てそれをモデル化したものである。問題になるのは，こうしたモデルがシカゴ以外の都市についてもあてはまるのかどうか，言い換えれば，どの程度一般性を持つのか，という点である。この点に関して，米国の連邦住宅局の職員であったH. ホイトは，アメリカの128の都市における高級住宅地の分布とその時間的推移について分析を行った（Federal Housing Administration 1939）。その結果明らかになったのは，高級住宅地は全方位に拡大していくのではなく，都心から郊外へ伸びる道路や鉄道などの交通網に沿って扇状に拡大していく，ということであった。一方で，ホイトの分析は都市の中心から外側へという拡大の過程自体はおおむね妥当するということも結果的に確認しているため，この扇状地帯モデルは，同心円地帯モデルを現実の物理的環境（交通網）に即して修正したモデルであるとも言える。

文化生態学派

都市の空間構造や拡大過程についての同心円地帯モデルや扇状地帯モデルは基本的に，都心からの距離と地価や家賃，住民の経済的地位のような経済的要素に注目するモデルである。これに対し，文化生態学派とよばれる人々からは，経済的要素には還元できない文化的要素が空間編成にもたらす影響の重要性が指摘されている。その代表的な論者の一人であるW. ファイアレイは，ボストンにおいて都心に程近い場所にありながらも再開発などの同心円的な変化に飲み込まれないでその特徴を保ち続けているいくつかの地区に注目して考察を行い，その地区に対して人々が文化的に特別な愛着や思い入れを持っている場合には，（例えば再開発計画に対して反対運動が起こされるなどして）その地区の特徴が維持され続ける場合があることを明らかにしている（Firey 1945＝2012）。

米国の都市の場合，（先住民を追い出したうえで）更地に新規に建設されている場合が多いため，経済的要素の影響力が強く，先の扇状地帯モデルがおおむね妥当することが確認されている。ヨーロッパや日本も含むアジアの都市の空間構造について考察する場合でも，もちろん地価のような経済的要素は重要である。しかし，古代や中世以来の長い歴史を持つ都市には，歴史的経緯の中で人々が抱いてきた特別な愛着や，社会的・政治的な経緯などを踏まえないと説明がつかないような地区が少なからずある（例えば，東京の都心には何があるだろうか）。したがって，個別の都市の空間構造について考察する際には，そうした文化的要素にも注目することが重要である。

包括的な空間構造の分析へ

一方で，より包括的に都市の空間編成を分析しようという試みもなされている。E. シェヴキィとM. ウイリアムズはロスアンジェルスについて国勢調査の様々なデータを統計区（census tract）[5]ごとに集計したうえで，どの地区とどの地区が特性が似通っているのかを浮かび上がらせる，社会地区分析（social area analysis）という手法を開発した（E. Shevky & M. Williams 1949）。この社会地区分析という手法は，1980年代から日本でも都市空間構造の分析手法として用いられるようになってきている（例えば倉沢編 1986，倉沢・浅川編 2004）。

さらに近年では，統計データや地図情報の電子化の進展とともに，地図上にデータを表現する技術であるGIS（Geographic Information System 地理情報システム）の開発・普及もめざましく[6]，都市の空間構造の分析は新たな段階に入りつつある。

5　米国において国勢調査のために設定された細かい地区割り。

6　個人でも利用可能な無料のGISソフトウェアとしては「MANDARA」や「QGIS」などが挙げられる。

参考文献

Burgess, E.W., 1925, "The Growth of the City: An Introduction to a Research Project" Park, Burgess & McKenzie eds. *The City*, The University of Chicago Press.（＝1972，大道安次郎・倉田和四生訳「都市の発展――調査計画序論」『都市――人間生態学とコミュニティ論』鹿島出版会）

Federal Housing Administration (Hoyt, Homer), 1939, *The Structure and Growth of Residential Neighborhoods in American Cities*, Washington, D.C.: Federal Housing Administration.

Firey, Walter, 1945, "Sentiment and Symbolism as Ecological Variables", *American Sociological Review*, 10(2): 140-148.（＝2012，松本康訳「生態学的変数としての感情とシンボリズム」森岡清志編『都市社会学セレクションⅡ――都市空間と都市コミュニティ』日本評論社：39-58）

Fischer, Claude S., 1982, *To Dwell Among Friends: Personal Networks in Town And City*, Chicago: The University Of Chicago Press.（＝2002，松本康・前田尚子訳『友人のあいだで暮らす――北カリフォルニアのパーソナル・ネットワーク』未来社）

Gans, Herbert J., 1962→1982, *The Urban Villagers: Group and Class in the Life of Italian-Americans [Updated and Expanded edition]*, New York: Free Press.（＝2006，松本康訳『都市の村人たち――イタリア系アメリカ人の階級文化と都市再開発』ハーベスト社）

Hillery Jr., George A., 1955, "Definitions of Community: Areas of Agreement", *Rural Sociology*, 20(2): 111-23.

倉沢進編，1986，『東京の社会地図』東京大学出版会.

倉沢進・浅川達人編，2004，『新編 東京圏の社会地図1975－90』東京大学出版会.

MacIver, R.M., 1917, *Community: A Sociological Study; Being an Attempt to Set Out the Nature and Fundamental Laws of Social Life*, London: Macmillan and Co.（＝1975，中久郎・松本通晴監訳『コミュニティ』ミネルヴァ書房）

松本康，1995，「現代都市の変容とコミュニティ，ネットワーク」松本康編『増殖するネットワーク』勁草書房：1-90.

Shevky, Eshref & Williams, Marilyn, 1949, *The Social Areas of Los Angeles*,

Berkely: University of California Press.
Simmel, Georg, 1903, "Die Grosßtäte und das Geistesleben," *Jahrbuch der Gehe-stiftung zu Dresden*, 9.（＝2011，松本康訳「大都市と精神生活」松本康編『都市社会学セレクションⅠ――近代アーバニズム』日本評論社：1-20）
Wellman, Barry, 1979, "The Community Question: The Intimate Networks of East Yorkers", *American Journal of Sociology*, 84(5): 1201-1231.（＝2006，野沢慎司・立山徳子訳「コミュニティ問題――イースト・ヨーク住民の親密なネットワーク」野沢慎司編『リーディングス　ネットワーク論――家族・コミュニティ・社会関係資本』勁草書房：159-204）
Wirth, Louis, 1938, "Urbanism as a way of Life", *American Journal of Sociology*, 44(1): 1-24.（＝2011，松本康訳「生活様式としてのアーバニズム」松本康編『都市社会学セレクションⅠ――近代アーバニズム』日本評論社：89-115）

12 町内会とNPO

《目標＆ポイント》 人々が社会生活を送る中で生じる様々な問題や課題を解決するために様々な組織が結成される。この章では，そうした組織のうち町内会とNPOを取り上げ，その定義や特徴，日本社会において占めてきた位置や課題などについて解説する。
《キーワード》 町内会，町内会体制，ボランタリー・アソシエーション，ボランティア，NPO

1．町内会とは何か

町内会とは

日々の生活の中で私たちが所属する集団や組織には，学校，会社，趣味やスポーツのサークルなど様々なものがある。そうしたもののうち，地域での生活と密接に関係している組織の一つが，町内会（地域によっては町会，自治会，部落会，区会などともよばれるがここでは町内会と総称する）である[1]。町内会は，地域住民組織の一つであり，その地域に住んでいること，すなわち地縁（住縁）を結合の根本原理とした組織である。そして町内会は，日本社会のほとんどの地域にほぼ隈なく存在し，また，地域に存在する他の様々な組織――例えば草野球チームや商店会，PTA，神社の氏子会など――とは異なる固有の特徴を持つ。

1　町内会と似て非なるものにマンションの管理組合がある。管理組合は，建物の区分所有者が「建物の区分所有等に関する法律」（区分所有法）に基づいて加入することが義務づけられているものであり，建物や敷地，附属施設の管理を行うための団体である。ただ，管理組合の活動の中には敷地の草刈りや共用部分の清掃など，町内会の活動と重なるものもある。

町内会の基本的特徴

町内会の基本的特徴の１つ目は，世帯単位であるという点である。つまり，「Ａさん」「Ｂさん」という個人ではなく，「Ａさんのお宅」「Ｂさんのお宅」といった具合に世帯単位で加入する，ということである。町内会の名簿には世帯主個人の名前だけが記載される場合もあるかもしれないが，その場合，その世帯の代表として世帯主の名前が記載されているのであって，町内会への加入は世帯単位で取り扱われる。したがって，例えばある世帯の中で夫だけ加入していて妻は加入していない，ということは基本的にありえない。また，町内会の会費も，１世帯あたりいくら，という具合に世帯単位で拠出することが一般的である。

町内会の２つ目の特徴は，自動加入であるという点である。町内会のほとんどは民間の任意団体である。したがって，加入する／しないは，法的にはその世帯の自由である。しかし，日本社会においては，現在でも，ある地域に居住すると，その地域の町内会に加入することが当然視されがちであり，好むと好まざるとにかかわらず加入する（させられる），という場合も少なくない。これが自動加入という特徴である。なお，町内会の歴史の中では，地域住民が強制的に加入させられることもあったため，この特徴は「強制加入」ともよばれ，また，かつては町内会の加入率もきわめて高かった。しかし，後に触れるように，近年では町内会の加入率は低下傾向にあり，町内会には加入していない，という世帯も少なからず存在するようになり，強制性は薄れてきているため，ここでは「自動加入」とよんでおく。

町内会の３つ目の特徴は，包括的機能を担っている（あるいは，機能が未分化である）という点である。地域差はあるものの，町内会が行っている活動は多岐にわたる。例えば，地域の清掃や園芸活動などの住環境の美化に関する活動もあれば，防災訓練や防犯活動などの地域の安全・安心の向上を企図する活動もある。運動会や餅つき，盆踊りや夏祭りなどの住民間の親睦・交流活動もあれば，回覧板や掲示板などによる住民間，住民－行政間の情報伝達活動もある。さらに，住民が行政や企業に要望を提出する際の住民側の窓口の役割を果たすこともある。このように，町内会の活動はその地域の住民生活に関する様々な事柄に及んでおり，逆に言えば，その地域に関わることのほとんどは町内会の活動の対象になり得る。組織としての専門化が進んでおらず機能が未分化である，とも言いうるが，特定の機能に特化しないことにより地域で生じる様々な問題や課題に柔軟に対応できる可能性があるともいえる。これが包括的機能という特徴である。

町内会の４つ目の特徴は，排他的地域独占という点である。ある地域，例えば○○町△丁目という地域には，その地域住民を対象とする町内会は「○○町△丁目町内会」という具合に一つであるのが原則である。つまり，町内会は，それぞれの所在地域の住民を独占するという特徴である。

これらの特徴に加え，かつては町内会の特徴として，（A）地方行政の末端補完機能を果たしている，という点や，（B）伝統的保守政治の基盤となっている，という点が挙げられることがあった。（A）については，行政と住民の間の橋渡しだけではなく，本来行政が住民に対して直接に行うべきことを町内会が行政から請け負うなどして代行しており，住民組織であると同時に行政機構の末端，いわば行政の下請け組織としても機能しているという点である。（B）については，自営農家や自営業主などのいわゆる旧中間層（旧中間階級）が町内会の主力となって，保守政党の有力な支持基盤の一つとなっているという点である。ただし，この（A）（B）の「特徴」については，町内会についての研究が進展した結果，時代・地域によってはそうした性質を有しない町内会もそれなりの厚みをもって存在することが指摘されるようになり，現在では町内会全般の特徴としては挙げられなくなりつつある。

町内会体制

以上のような特徴を持つ町内会は，日本の地方自治の文脈において，地域社会に様々にある住民組織の中でも特別な位置を与えられてきた。玉野和志は，そうした状況を「町内会体制」とよんでいる。町内会体制とは，「町内会という地域住民組織を，事実上地域住民の総意を代表する特別の民間団体として認めたうえで，地方自治体の行政がそれを前提とする仕組みを整備することで歴史的に維持してきた社会的な制度」のことである（玉野 2005：63）。どういうことか。

先にも述べたように，町内会のほとんどは民間の任意団体である。にもかかわらず，町内会は，「事実上」――すなわち，法的に明文化されて位置づけられていなくとも――「地域住民の総意を代表する特別の民間団体」とみなされる。例えば，地域で行政が施設の建設などを行う際には，その計画についての住民説明会が開催される。このとき，説明会の案内は，自治体の広報紙やwebサイトなどに掲載されて住民一般に周知されるだけでなく，関係する地域の町内会にも通知がなされる。また，その計画について住民間で賛否が分かれる場合には，組織としての町内会が賛同するか否かが重視される。これは，先ほど挙げた自動加入や排他的地域独占といった特徴（さらには他の地域集団に比べた場合の加入率の高さ）ゆえに，町内会がその地域の住民の代表組織であるとみなされてきたためである。またその一方で，地方自治体は，地域の様々な行政過程においては，一人一人の地域住民に直接働きかけたり意見を聴取して利害調整を図ったりする能力が必ずしも十分ではないため，町内会という住民組織（より具体的にはその担い手である役員層）に協力を仰ぐことで行政をスムーズに進めてきたともいえる。

2. なぜ町内会が注目されてきたのか

町内会については，社会学や政治学などにおいて多くの研究が積み重ねられてきた。それは，先に述べたように町内会が人々の地域生活に密接に関わる活動を展開し住民自身による自治の重要な手段の一つとなっていることに加え，日本の近現代史の中で町内会がたどった独特の経緯にも由来している。

町内会の歴史

現在のように日本のほぼ全ての地域に町内会が存在する，という状況が作られるようになったのは，戦時下の1940年９月11日に国（内務省）の訓令の一つとして「部落会町内会等整備要領」（内務省訓令第17号）が発令されてからである。それまでの日本社会には，町内会（あるいはそれに類する住民組織）が存在する地域としない地域があり，また，存在はしていても，その成員が地域住民のうちの一部（例えば市街地であれば表通りに店を構えている世帯など）に限られている場合も少なくなかった。そうした状況下で出された先の訓令は，市町村の各区域について全戸加入の町内会（村落の場合は部落会，以下略）を組織し，また，それらを市町村の補助的下部組織とすることなどを定めたものであり，その基本的な目的は，地域住民を一人残らず国家の下に組織し戦時体制を支えさせるためであった。そしてこの訓令に従う形で全戸加入の町内会が全国に作られ，その下部組織としての10戸程度で構成される「隣組」組織などによる物資配給や防空演習などを通じて，人々が戦時体制を支えていったのである。

敗戦後，GHQ（連合国軍総司令部）は，町内会という装置が戦争への国民の動員を可能にしたことを問題視し，1947年のポツダム政令第15号によって町内会を解散させた。しかしその後も地域生活上の必要から，それまでの町内会は「防犯協会」や「衛生組合」などの様々な名称の住民組織として存続し続けた。そして1951年にサンフランシスコ講和条約が締結され先の政令が失効すると，各地で雨後の筍のように町内会が再結成されるようになったのである。

町内会研究の問題関心

戦後の町内会研究の問題関心の一つは，こうした町内会の再建状況をどう理解・評価すればよいのか，という問いであった。図式的に言えば，日本社会が「家」（戸主）ではなく個人の自由な意志が尊重される民主化した社会に変わったのならば，地域社会の様々な問題の解決に住民が取り組む際の組織形態としては，世帯単位でほぼ強制の形で加入する（させられる）町内会という形態から，個人がそれぞれの自由な判断で自発的に参加する様々な組織が複数併存しそれぞれに役割を果たしていくという形態へと変化していくことが望ましいし，そのようになっていくはずである。にもかかわらずそのようにはなっていないのではないか――そしてそれは戦後の民主化が不徹底だったということなのではないかという問題意識である。

こうした問題意識を受ける形で戦後，様々な角度から町内会の実際の組織形態や政治的指向性，町内会の起源などについての調査研究が展開され，町内会の多様性が明らかにされるとともに，その地域や町内会がどのような歴史的経緯をたどったかによって町内会の担い手や政治的指向性，行政との関係などが異なってくることなどが明らかにされていった[2]。

2　煩雑になり過ぎるのでここでは詳細は省略する。より詳しく知りたい場合は例えば玉野和志（1993）を読んでみてほしい。また，戦後の郊外住宅地いわゆる団地の町内会における政治的革新指向については政治学者の原武史が生々しく描き出している（原 2007＝2010，2012）。

一方で，町内会研究における問題関心としては，（世帯単位・自動加入という特徴の是非とは別の次元で）町内会が現実に地域社会の中でどのような役割を果たしてきた／いるのか，という問いも挙げることができる。この点についてさらに考えるために，町内会以外の住民組織やその活動にも目を向けておこう。

3. ボランティアとNPO

ボランタリー・アソシエーションとボランティア

地域社会の問題解決などに取り組む住民組織は町内会だけではない。人々が自発的に参加する組織を一般に，ボランタリー・アソシエーション（voluntary association）とよぶ。戦後の日本社会では，地域に関わるあらゆることに取り組む町内会とは異なり，福祉や環境などの特定の問題に取り組むボランタリー・アソシエーションがしばしば結成され，それらはボランティア団体や市民活動団体などともよばれてきた。

一方で，ボランタリー・アソシエーションを通じてであれ別の経路（ときには町内会がその経路となる場合もある）を通じてであれ，自発的に社会の問題や課題の解決に取り組む活動をボランティア（volunteer）活動とよぶ。ボランティア活動の特徴とされるのは，（誰かに命じられて行うのではないという）自発性，（私益の追求ではないという）公共性，（金銭的な対価を求めないという）無償性である。ただし，これらのボランティア活動の特徴のうち最も重要であるのは「自発性」である。この点においてボランティア活動は，しばしば外部から強いられる形で行われることもある「社会奉仕」活動とは本来は区別される[3]。

「ボランティア元年」

ボランティアを主たる担い手としたボランタリー・アソシエーション

3　しかしながら日本の文脈では「社会奉仕」活動が「ボランティア」活動ともしばしばよばれてきた。「ボランティア」という言葉の使われ方と市民活動の関係の変遷については仁平典宏（2011）で詳細に考察されている。

の活動は，戦後，住民運動や市民運動，あるいは地域のまちづくり活動や福祉活動などの様々な形で展開されてきていた。そうした中にあって，1995年に起きた阪神・淡路大震災では全国から延べ130万人以上の人々が救援・支援活動にボランティアとして参加して大きな注目を集め，後にこの年は「ボランティア元年」とよばれるようになった（山下・菅 2002）。

阪神・淡路大震災におけるボランティアの活躍が注目を集めたのは，単にボランティアとして参加した人が多かったということだけが理由なのではない。「想定外」とされた巨大地震の発生によって政府が対応に遅れをとる中で，町内会などの住民組織に加え，（被災地域の住民以外の）市民が自発的に活動を展開し大きな役割を果たした。この事実から，「国家」とも「市場」（営利企業）とも区別される「市民社会」のもつ力の重要性があらためて認識されるとともにそれへの期待が高まったのである。そしてこうした状況に後押しされて日本社会の中で市民権を得るようになった組織がNPOである。

NPOという組織

NPOとは，Non-Profit Organizationの略称で，非営利活動組織と訳される[4]。NPOは一般的には，①一定程度制度化され，②非政府の民間組織で，③利益の非配分，④自己統治，⑤ボランティアなどの自発的参加者によって運営されている組織として定義される。

そもそも，阪神・淡路大震災の発生以前から，各地で活動を展開していたボランティア団体・市民活動団体などは多数存在した。しかし，そうした団体の担い手の多くは無償のボランティアであり，また団体の法的な位置づけもほとんどは任意団体であった。そのため，その活動の広

4　類似した言葉としてNGO（Non-Governmental Organization 非政府組織）がある。NPOはNGOでもあり，非営利という側面を強調する際にNPOが，非政府という側面あるいは（すべてではないが）その活動の国際性を強調する際にはNGOがしばしば用いられ，NPO/NGOと併記されることもあるが，この章ではNPOに統一しておく。

がりや持続可能性については課題――熱意があるだけでなく経済的・時間的にも余裕のある人でないと継続的に関わりづらい[5]，活動に際して行政や他の事業者等と契約を結ぶ際に任意団体であると信頼が得にくいなど――も抱えていた。そこで，こうした団体にNPOとしての社会的な認知と法的な裏付けを与えるための立法措置を求める動きが高まり，1998年に「特定非営利活動促進法」（通称「NPO法」）が成立した。

この法律は，「特定非営利活動を行う団体に法人格を付与すること並びに運営組織及び事業活動が適正であって公益の増進に資する特定非営利活動法人の認定に係る制度を設けること等により，ボランティア活動をはじめとする市民が行う自由な社会貢献活動としての特定非営利活動の健全な発展を促進し，もって公益の増進に寄与することを目的とする」（第1条）ものである。そしてこの法律の制定後，NPO法人（特定非営利活動法人）としての設立手続きを行い認証を得た認証法人の数は年々増え続け，2020年4月現在で5万1千団体を超えている。また，認証法人の中でも所定の条件（広く市民からの支援を受けている等）を満たし税制上の優遇措置を受けられるようになった認定NPO法人も，2012年の法改定の効果もあって年々増え続け，2020年4月末には1100団体を超えるに至っており，NPOは日本社会の中でも一定の市民権を得るに至ったということができるだろう[6]。

4. 地域社会の担い手は

町内会の曲がり角

前節まででで述べてきたように，現在，地域社会において住民が問題や課題の解決に取り組むための経路としては，活動範囲やその担い手が特定地域に限定される一方でその活動内容が多岐にわたる町内会と，必ず

5　この点についての対応として，活動にかかる経費などの実費は活動者に支給する「有償ボランティア」という仕組みも用いられてはいる。

6　数値は「内閣府NPOホームページ」（https://www.npo-homepage.go.jp/）掲載の情報に基づく。

しも活動内容や担い手が地域的に限定されず，また活動内容がより限定的（でありしばしば専門的）な，NPOなどのボランタリー・アソシエーションとが存在する。戦前・戦後という長いスパンで見れば，地域の問題解決に町内会が果たしてきた役割は非常に大きなものであるが，町内会は近年大きな曲がり角にさしかかっている。少なからぬ町内会が直面している課題は，担い手の不足と加入率の低下である。担い手の不足の要因としては，自営業主の減少と高齢化の進展を挙げることができる。

都市化がある程度進んだ地域ではしばしば，自営業主が役員を引き受けるなどして町内会の担い手として大きな位置を占めてきた。その理由としては，被雇用者として働く人の多くが自宅と職場が離れていて居住地への関心を持ちにくく，また，町内会の活動に参加できる時間も休日や夜間に限られがちであるのに対し，自営業主は店舗と一体の（あるいは近接した）住居に住んでいる場合が多くほぼ1日中その地域で生活しているために地域の変化に敏感であることや，店舗等の営業日や営業時間に関して比較的自由が効くため町内会の活動に参加する時間が捻出しやすいことなどが挙げられる。

しかしながら，後継者の不在などにより自営業主の数自体は減少している。例えば，総務省統計局が実施している労働力調査の結果によれば自営業主は，1955年には1028万人（沖縄県を含まず），全就業者数の25.1％を占めていたのに対し，2018年には535万人（沖縄県を含む），8.0％にまで減少している。こうした変化の中で，少数の（そしてしばしば高齢の）自営業主が長年にわたって役員を引き受け続けざるを得ない状況が生じている。

また，そもそも自営業主がいない郊外住宅地や集合住宅などにおいては，輪番制やくじ引きなどでの役員選出による活動負担の分散が図られてきた。しかし，高度成長期に開発されたいわゆるニュータウンのような新興住宅地では「団塊の世代」などの特定の世代が大半を占めていたため住民の高齢化も一気に進んできており，（団塊世代が定年退職を契機に町内会活動に積極的に参加するようになるなどの動きは一時的に見られても）将来の担い手の確保については不透明である。

一方で，第1節でふれたように，全戸加入が当然視されるとはいっても，現実には町内会の加入率は，地域差はあるが全般的に低下傾向にある。理由としては，地域・町内会によって様々ではあるが，住民の流動性が高まり地域社会に帰属しているという感覚が持ちにくくなっていること，しばしば町内会の運営が長期在住の住民を念頭に行われていてその活動の意義や内容が新規来住者に見えにくく関わりづらいこと，様々な専門的サービスの普及などにより，生活の中で問題に直面しても町内会などの近隣関係に助けを求めたり協力したりする必要を感じづらくなっていること――現実には自覚していなくとも町内会の活動から様々な恩恵を受けていることもしばしばなのだが――などが考えられる。

町内会と NPO

こうした状況の中で町内会の組織としての基礎体力の低下が懸念されるのとは対照的に，防災・防犯・福祉面などにおける町内会への期待は高まってきており，ややもすると実態と期待（あるいは理想）とのギャップが拡大しかねない状況にある。一方で，前節でも触れたように，NPO など，町内会以外の多様なボランタリー・アソシエーションの活動は日本社会の中で着実な位置を占めるようになってきており，従来町内会が担ってきた活動の一部を事実上代替するような団体も出現し始めている。

とはいえ，その地域に関わることならば何でも取り組みの対象にしうる，という町内会の包括的機能が，より限定的な目的のための組織であるNPOに完全にとって替わられるということは考えにくい。したがって，今後の町内会は，それぞれの地域・町内会の実情をふまえたうえでどのようにして持続可能な組織運営を行って（変えて）いくのかということと合わせて，どのような形でNPOなどのボランタリー・アソシエーションと連携あるいは役割分担をしていくのか，ということが問われることになるだろう[7]。

国家と町内会・NPO

ここまで述べてきたように，町内会にせよボランティアやNPOにせよ，住民・市民が社会の問題解決のために自発的に行う活動は，国家の論理とも市場の論理とも異なる市民社会の論理に基づいて社会を作っていく活動になりうる。ただし，市民社会は万能なのではない。国民の生存権を保障する生活保護制度に代表されるように，国家でなければ果たし得ないこと，国家が責任を負うべきことは確実に存在する。一方で，国（や自治体）が「財政難」などを理由に公的サービスを縮小する反面で町内会やNPOなどの活動に期待を寄せる，という構図はもはやありふれたものになりつつある。しかし，そうした国家が（しばしば一方的に）寄せる期待はどれほど妥当なものなのか。本来は国家が担うべき責任が市民社会に押し付けられてはいないか。かつて町内会が国家の戦争遂行のための便利な道具として使われたように，現代の町内会やNPOは国家にとって都合の良い下請けになってはいないか。住民活動・市民活動の見えやすい「成果」を評価・称賛して終わるのではなく，市民社会と国家との関係について，具体的な事例に即して冷静な目で検討することも重要である。

7　例えば作家の紙屋高雪は，町内会役員を引き受けた際の経験から，町内会の多種多様な（膨らみ過ぎた）事業を，どうしても必要なものとそうでないものに仕分けして圧縮する「リストラ」などを提案している（紙屋 2017）。

参考文献

原武史，2007，『滝山コミューン一九七四』講談社．（＝2010，講談社）

原武史，2012，『団地の空間政治学』NHK 出版．

紙屋高雪，2017，『どこまでやるか，町内会』ポプラ社．

仁平典宏，2011，『「ボランティア」の誕生と終焉――〈贈与のパラドックス〉の知識社会学』名古屋大学出版会．

玉野和志，1993，『近代日本の都市化と町内会の成立』行人社．

玉野和志，2005，『東京のローカル・コミュニティ――ある町の物語1900-80』東京大学出版会．

山下祐介・菅磨志保，2002，『震災ボランティアの社会学――〈ボランティア＝NPO〉社会の可能性』ミネルヴァ書房．

13 グローバル化という社会変動

《目標＆ポイント》 社会学が対象とする社会変動の一つにグローバル化を挙げることができる。この章では国民国家を世界史的な時空間の中に置いて考察する視点である世界システム論の概要，グローバル化の多義性と国際化との違い，国内で生じているグローバル化の一端としての外国人の受け入れの形態の変化などについて解説する。
《キーワード》 世界システム論，グローバル化，世界都市論，国際分業・新国際分業，バックドア／サイドドア／フロントドア

1. グローバル化と社会学

社会変動と社会学

第１章でも触れたように，社会学は近代化という大きな社会変動のうねりの中で生まれてきた学問である。社会学においては，そもそも社会はどのように形作られているのか（どのような仕組みを持っているのか），という問いと並行して，大きな意味での社会——例えば人類社会——の変化（社会変動）としてどのような変化が起こり，また，そうした変化によって狭義の社会——国家や地域社会など——の内部がどのような影響を受けどのように変化している（いこうとしている）のかという問いも探求対象とされてきた。この場合の社会変動としては，例えば政治的な近代化であるとか，農林漁業等の第一次産業から製造業等の第二次産業への産業の重心の転換である工業化や，第三次産業への転換である脱工業化といった変動への注目がなされてきた。ただし，その際の

考察の基本的な単位としては，国民国家やその枠内の社会が設定されることが多かった。

世界システム論

これに対し世界史的な時空間の中に国民国家を置いて考察する視点が，I. ウォーラースティンが1970年代に提起した世界システム論である。世界システム論では世界全体を世界システム（world system）という一つのシステムと捉えたうえでその形成の過程を考察する。そこでは，16世紀にヨーロッパで資本主義経済が形成されていく過程において，世界の地域には中核（core）－半周辺（semi-periphery）－周辺（periphery）という３層構造が形成されていく。そしてその過程で中核において国民国家[1]が形成されると，国民国家は資本の活動を援助していく。資本が相互に競争を展開していく過程では，国家間でも世界経済の中でのヘゲモニー（覇権）をめぐる競争が展開される。この競争過程でヘゲモニーを握った国は，17世紀はオランダであり，19世紀にはイギリス，20世紀にはアメリカへと移っていったとされる。こうした国家間競争の過程において，相対的に利潤率の高い産業が立地する地域が「中核」であり，低い産業が立地する地域が「周辺」である。そしてそれらの中間に位置する「半周辺」地域では，「中核」へと食い込むための開発政策などを通じて国家が大きな役割を果たすとされる。このように，世界システム論においては，従来それ自体が考察の単位とされていた国家（やそれを含む大きな地域）は，世界システムという巨大なシステムの歴史的な変化の中に位置づけられたうえでその変動の様相と背後の構造に関心が向けられる。

1　国民国家（nation-state）とは，一定の領土と主権をもち，「国民」という一体性の意識（ナショナル・アイデンティティ）がその構成員に（ある程度）共有されている国家のことをいう。歴史的には，「国民」という意識が先にあって国家が作られるのではなく，国家の建設の過程あるいは建設の後に「国民」という意識が形作られていくということが指摘されている。

グローバル化とは

一方で，およそ1980年代（日本では1990年代）からは，世界レベルの社会変動と社会の関係について社会学において論じる際に，グローバル化（globalization グローバリゼーションとも表記される）という概念が用いられるようになってきている。

グローバル化という言葉は，論者によって，また文脈によって様々な意味で用いられている。例えば，書店のビジネス書コーナーに並ぶ書籍タイトルによくみられるように企業による国境を超えた経済活動の進展とそれに伴う競争の激化を指す場合もあれば，移民や難民といった形で人々が国境を超えて移動することが活発になることを指す場合もある。また，環境 NGO や人権 NGO などの社会運動組織が様々な国で連携しあるいは国境を超えて活動を展開するようになっている現象をも含む場合もある。社会学において単にグローバル化という用語が用いられる場合には，国境を超えて人々が様々に活動を展開するようになっていく変化，といった具合に，上記のいずれをも含むような包括的な社会変動を指す語として用いられる（もちろん個別の研究においては「経済のグローバル化」，「人の移動のグローバル化」といった具合にさらに限定されたうえで用いられるが）。

なお，グローバル化に類似した概念に国際化（internationalization）があり，日本ではグローバル化は国際化の単なる言い換えのようにして広まってきた側面がなくもない。しかし本来はグローバル化という概念は，国際化ではとらえきれない現象をも射程に入れるために出てきた概念である。例えば，国際化という概念では，その考察の基本的な単位は国家とされるが，グローバル化では，国家内の民族紛争やそれによる国家の分裂といった国家という枠組み自体の「ゆらぎ」をも射程に入れる。また一方で，国際通貨基金（IMF）や世界銀行，世界貿易機関（WTO）

などの国家を超えた統治機関が国家を統制していく側面にも光があてられるのである。

社会学研究におけるグローバル化

社会学がグローバル化を取り扱う場合の位置づけ方には，大きく分けて2つある。一つは，世界システム論や「グローバリゼーション研究」という看板で行われる研究のように，グローバル化という大きな社会変動やそれと国家との関係を包括的な主題とする場合である。もう一つの位置づけは，国家やその内部の具体的な都市や地域社会，あるいは社会の中の個別領域（家族，教育，労働，医療，福祉等々）の変化を考察する際に，その説明要因の一つとしてグローバル化を取り込む，という場合である。

例えば，都市社会学においては，1970年代以降の都市の変化を説明するために，「世界都市論」（world city／global city）という枠組みが提起されてきた（代表的なものとしてFriedman 1986＝2012，Sassen 1991＝2008）。この議論では，世界経済の緊密な結びつきの強まり，いわば経済のグローバル化の加速によって，世界中にある都市に世界経済の中での重要性に応じた序列が生まれ，世界経済の結節点としての地位を占めるに至った少数の世界都市においてはその地位に固有の様々な変化——多国籍企業の中枢部門の集積や格差の拡大等——が生じるとされている。

2．グローバル化の諸相

前節では，社会学におけるグローバル化という概念の位置づけなどについて概説した。ここでは，生産領域と再生産領域[2]のグローバル化に焦点を絞って，そこでどのような変化が起こっていると指摘されている

2　生産活動に従事する労働力を維持するために必要とされる活動領域。

のかを紹介してみたい。

生産領域のグローバル化

経済のグローバル化と密接に関わるのが，物やサービスの生産という領域におけるグローバル化である。世界経済の変化の中で国際分業はいくつかの段階を経て変化してきたとされる。第二次世界大戦以前の古典的な国際分業（International Division of Labor）の段階では，いわゆる先進国が工業生産を行い，植民地や発展途上国が農作物や鉱業資源を生産するという分業が行われてきた。これに対し第二次世界大戦以降に出現した新国際分業（New International Division of Labor: NIDL）の段階においては，先進国発祥の多国籍企業が工業生産を行う際，その生産工程を分割し，発展途上国それぞれの工業化段階とそこでの原材料費や賃金のコストに応じてそれらの組み合わせが最適となるように工場が分散して配置される。こうした新国際分業における生産過程では，途上国で低賃金労働者によって労働集約的に生産された比較的単純な部品と，多国籍企業が本社を置く先進国において高度な機械や熟練工によって生産された精密部品とが組み上げられて最終製品に仕上げられる。

1990年代以降，こうした生産工程はインターネットなどの情報通信技術の進展によりさらなる細分化が進み，生産コストを最適化するため生産拠点はさらに分散した。多国籍企業の中には生産部門を手放し中枢管理部門のみを擁するようになる企業も出現してきており，それまでのピラミッド型の生産構造から中心を持たないネットワーク型の生産構造への転換が進んできている。このような生産領域のグローバル化は同時に，労使関係の重層化・複雑化を招き，企業が全生産工程を一国内で統括していた時代とは異なる問題――雇用の不安定化，雇用者責任の不明確化等――をもたらしつつある（小井土 2002）。

再生産領域のグローバル化

グローバル化のもう一つの顔として社会学研究の中で指摘されてきているのが，家事，育児，介護などの再生産領域のグローバル化である。これは，先進国における女性の労働市場への進出とそれにともなう家族内での再生産能力の弱化の穴を埋めるために，途上国の労働者が家事労働者や介護労働者，さらには看護師などの医療専門職として国境を超えて先進国で働くようになるという現象である。そしてこうした労働者の多くは女性で占められている。例えばフィリピンから国外出稼ぎに出ている人の2013年現在の職種で最も多いのはサービス職（23万30人）で，そのうちの７割が家事労働者（16万4396人）となっており，2010年のデータでは家事労働者の98％が女性である（小ヶ谷 2016)。

こうした国境を越えての再生産労働については，送り出し国がしばしば外貨獲得の手段の一つとして積極的に位置づける一方で，長時間労働，移動の自由の制限，雇用主による暴行などの人権侵害も頻発しており問題となっている。

3. 内なるグローバル化

日本の「移民」

「グローバル化」と聞くと日本人が海外へ移動することを思い浮かべる人もいるかもしれないが，日本国内でもすでに様々な形でグローバル化は進展している。ここでは，日本国内における外国人や外国につながりのある人々の動向や論点について概説しておきたい。

日本政府はこれまで一貫して，「移民」は受け入れないという立場をとってきた（2020年４月現在)。ここで政府がいう「移民」の中身は必ずしも明示的ではないが，日本に永住することを前提とした外国人の受け入れ制度を設けていないという意味に限れば確かに日本は「移民」を受け入れていない。しかし，「国境を超えて生業の本拠地を移動させる人とその家族」（渡戸 2010）というような一般的な意味での「移民」はすでに日本国内に相当な人数で存在する。例えば，2019年６月末現在の日本国内の在留外国人数は282万9416人である。

バックドア／サイドドア／フロントドア

先程述べたように，日本政府は「移民」は受け入れていない。また，相当に限定された専門・技術職を除いては外国人を労働者としては受け入れてこなかった。しかし，日本社会は様々な形で外国人労働者を「事実上」受け入れてきた。その受け入れ方法に関する表現としては，「フロントドア」「サイドドア」「バックドア」という比喩がしばしば用いられる。フロントドアとは，正式に労働者として受け入れる入り口，いわば正面玄関を指す。これに対しサイドドアとは，形式上は十全な労働者としての就労は認めていないものの一定の制限つきで事実上の就労を容認する入り口を，バックドアとは法律上は認めていないものの資格外就労の形で外国人が就労する裏口を指す。そして，非常に大まかに言えば，日本社会はこれまで，専門・技術職以外の労働者はほとんどフロントドアからは受け入れず，その代わりにバックドア，そしてサイドドアからの受け入れを行ってきた。

日系人

次の図は，日本国内の外国人数の推移を示している[3]。

まず，このグラフの範囲からは外れるが，1980年代後半のいわゆるバブル景気に日本が湧いた時代には，中小零細企業において人手不足が慢性化しており，観光ビザ等で来日した外国人が資格外就労という形でそ

[3] グラフに示された人数は外国人登録者数あるいは在留外国人数なので外国人労働者の数と完全に一致するわけではないが大まかな傾向の目安として見てほしい。なおグラフ中の「韓国・朝鮮」籍の人の中には，戦前・戦中に朝鮮半島から日本に移住した／させられた人々とその子孫である在日韓国・朝鮮人の人々が多数含まれる。

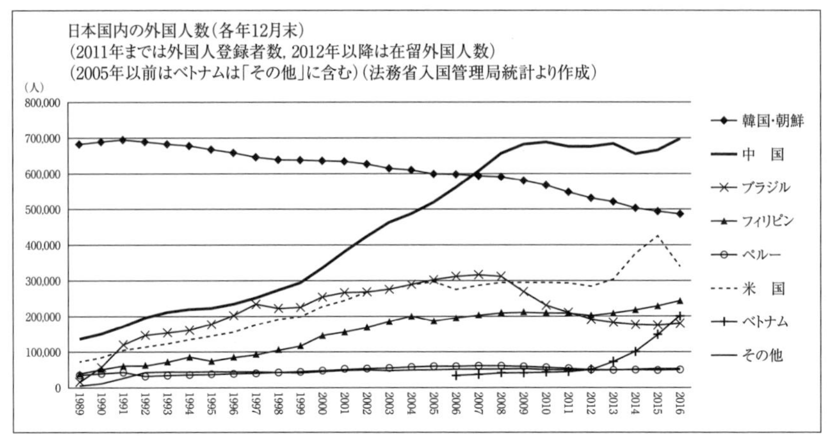

図13-1　日本国内の外国人数

のニーズに応えていた[4]。しかし，こうした資格外就労が「不法就労」として社会問題化されるようになる中で，1990年に入国管理法（出入国管理及び難民認定法）が改定された。これにより，日系人二世・三世に対して活動に制限のない在留資格が付与され（＝単純労働への就労が合法化され）たために，日本からブラジルやペルーに移民として渡っていった人々やその子や孫が日本にデカセギ[5]として働きに来ることが広まっていった[6]。1989年から91年にかけてのブラジル国籍の人々の急増はこうした法改定に由来している。

こうした日系南米人の多くは，日本国内での就労が合法であり大規模に公然と雇用可能であるがゆえに，業種・職種としては製造業の労務作業職へと集中し，居住地としては豊田市や浜松市などの工業都市に集中した。ただし，その雇用形態はほとんどが非正規雇用であった。具体的

4　鈴木江理子による聞き取り調査によれば，こうした人々は日本での就労や生活が長期化していく中で職場での評価を高めていたことなどが明らかとなっている（鈴木 2009）。

5　元はポルトガル語の「Decasségui」あるいはスペイン語の「Dekasegi」（いずれも日本語の「出稼ぎ」に由来）のためカタカナで「デカセギ」と表記している。

6　この項の日系人に関する記述は主に梶田ほか（2005），北川・丹野（2016）に依拠している。

には，業務請負業者に雇用されたうえで，請負業者が請負元から借り受けた製造ラインに送り込まれて，あるいは，派遣会社に雇用された上で派遣労働者として派遣先の工場で働くというものであり，それまで日本人が正規雇用者あるいは季節工・期間工や出稼ぎ労働者として製造業の中で占めていた部分の一部が南米人に置き換わっていくことになった。また，南米人の場合には，デカセギが拡大する過程で，南米での募集から渡航までを受け持つ日系旅行社と来日後の生活・就労を受け持つ業務請負業者とが結びついた「越境する雇用システム」が形成されたため，在日韓国・朝鮮人の場合とは異なり，日系南米人に特化した（日本人の労働市場とは分断された）労働市場が形作られていった。

また，入管法の1990年の改定直後には日本で働く日系南米人には単身男性のデカセギ者が多かったが，バブル経済が崩壊した1990年代の日本の経済的停滞のもとで日本での貯蓄額が伸びなかったことなどにより，日本での就労期間を延長し，出身国から家族をよび寄せる人も増えていった。このことは同時に，南米人世帯の多就労世帯化をもたらした。そのこともあって，南米人世帯の収入は，仕事に就いている期間の額だけを見れば必ずしも日本人より低いわけではない。ただしそれは，残業や休日出勤を引き受けることによる長時間労働の結果としてようやく可能になるものであり，時給に換算すれば日本人よりもおしなべて低い。また，そもそも雇用自体が不安定であるため，工場の稼働率が仕事の有無に直結し，手取り額も月単位で大きく変動する。そのため，長時間労働の要請にも応えざるを得ない立場に置かれているのである。

そのような不安定な雇用状態で働いていた日系南米人は，いわゆる「リーマン・ショック」に端を発した2008年秋から2009年にかけての世界同時不況の下で，真っ先に解雇や雇い止めに遭った。この時期の南米人の失業率はいずれの調査でもおおむね40％台となっており，同時期の日本人の失業率5.6%と比べ桁違いに高かった（樋口 2010）。こうした状況を受けて，この時期，日本政府によって「就労準備研修事業」のほかに「帰国支援事業」が実施された。その結果，先の図13-1からも読み取れるように，2008年以降，在日南米人（特にブラジル人）の人口は急激に減少した。その一方，日本に残るという選択をした人々においても，賃金の低下と労働時間の減少による貧困化が進んだ。また，こうした在日南米人の貧困化によって世帯内でその子どもへの教育投資が十分になされなくなった（できなくなった）ことにより，日本人の子どもと比較した場合の進学格差も生じつつある。進学格差は就職機会等を通じた社会経済的な格差にもつながるため，この状態がそのまま放置されていけば，世代間での貧困の再生産が深刻化し，南米人全体が日本社会の中で下層化していく危険性がある（移住連貧困プロジェクト編 2011）。

外国人技能実習制度

一方で，1980年代から開始されていたもう一つのサイドドアが，外国人技能実習制度である[7]。これは，発展途上国の外国人に「研修」と生産現場での「技能実習」を通じて日本の技術を身につけてもらい，帰国後にその技能を活かすことで「国際協力」「国際貢献」をすることを謳う制度である。しかし実態としては，低賃金・長時間労働や実習生への暴行などの人権侵害が頻発しており，その背景に，来日後は実習先（就労先）の変更が原則としてできないことや，来日前の段階で日本語習得や渡航手続きのために実習生がすでに多額の債務を背負わされていることなどが指摘されている[8]。こうした問題については1990年代から様々に指摘されて来ているものの，2010年代に入って少子高齢化による人手不足が深刻化する中で，技能実習生はむしろ増加傾向にある。

7　正確には，1981年に外国人研修制度として開始され，1993年に技能実習制度が追加，2010年に外国人技能実習制度に一本化された。

8　技能実習制度の問題点の整理については例えば村上英吾（2019）。

内なるグローバル化に関する課題

こうした中で，2018年12月，入国管理法の再度の改定が行われた。この改定においては外国人の在留資格に「特定技能一号」「特定技能二号」の新設などが盛り込まれることとなった。これは，技能実習制度が「実習」を建前としていたのとは異なり，（従来の専門・技術職とは異なる）特定の技能を持つ外国人を（在留期間など一定の条件を設けつつも）労働者として受け入れることを正面から謳ったものであり，部分的とはいえフロントドアを開くという意味を持つ[9]。こうした制度変更が日本社会にどのような影響をもたらすのか，そしてまた，すでに日本で暮らし働いている人々が日本社会の中で今後どのような位置を占めていくのか，といった問いは引き続き社会学が取り組むべき課題である。また一方で，2000年代後半から日本国内でも，外国人や外国にルーツを持つ人々を差別し排除を扇動する排外主義運動が，インターネットさらには街頭などで様々に広がりつつあり，それを抑止しようとする取り組みなども出現している。こうした現象がどのような構造の下で発生しており，現代社会においてどのような意味を持っているのかといったことを明らかにすることもまた，社会学の課題である[10]。

9　日本における外国人の位置の全体像についての一般向け書籍としては望月優大（2019）が，2018年の入管法改定までの日本の（事実上の）移民政策の問題点と課題に関する専門書としては高谷幸編（2019）が参考になる。

10　排外主義についての近年のまとまった研究書としては，樋口直人（2014），高史明（2015），樽本英樹編（2018），樋口ほか（2019）などを挙げておきたい。

参考文献

Friedman, John, 1986, “The World City Hypothesis”, *Development and Change* 17 (1): 69-83.（=2012, 町村敬志訳「世界都市仮説」町村敬志編『都市の政治経済学』日本評論社：37-57）

樋口直人, 2010,「経済危機と在日ブラジル人——何が大量失業・帰国をもたらしたのか」『大原社会問題研究所雑誌』622：50-66.

樋口直人, 2014,『日本型排外主義——在特会・外国人参政権・東アジア地政学』名古屋大学出版会.

樋口直人・永吉希久子・松谷満・倉橋耕平・ファビアン・シェーファー・山口智美, 2019,『ネット右翼とは何か』青弓社.

移住連貧困プロジェクト編, 2011,『日本で暮らす移住者の貧困』移住労働者と連帯する全国ネットワーク.

梶田孝道・丹野清人・樋口直人, 2005,『顔の見えない定住化——日系ブラジル人と国家・市場・移民ネットワーク』名古屋大学出版会.

北川由紀彦・丹野清人, 2016,『移動と定住の社会学』放送大学教育振興会.

小井土彰宏, 2002,「産業再編成と労働力市場の国際化——越境的労働力利用の双方向的発展と多元化」小倉充夫・加納弘勝編『講座社会学16 国際社会』東京大学出版会：31-83.

高史明, 2015,『レイシズムを解剖する——在日コリアンへの偏見とインターネット』勁草書房.

村上英吾, 2019,「外国人技能実習制度と貧困」『貧困研究』22：66-74.

望月優大, 2019,『ふたつの日本——「移民国家」の建前と現実』講談社.

小ヶ谷千穂, 2016,『移動を生きる——フィリピン移住女性と複数のモビリティ』有信堂高文社.

Sassen, Saskia, 1991, *The Global City: New York, London, Tokyo*, Princeton University Press.（=2001 Second Edition).（=2008, 伊豫谷登士翁監訳『グローバル・シティ——ニューヨーク・ロンドン・東京から世界を読む』筑摩書房）

鈴木江理子, 2009,『日本で働く非正規滞在者——彼らは「好ましくない外国人労働者」なのか？』明石書店.

高谷幸編，2019，『移民政策とは何か――日本の現実から考える』人文書院.
樽本英樹編，2018，『排外主義の国際比較――先進諸国における外国人移民の実態』ミネルヴァ書房.
Wallerstein, Immanuel, 1983, *Historical Capitalism*, New York: Verso.（＝1985，川北稔訳『史的システムとしての資本主義』岩波書店）
渡戸一郎，2010，「現代日本社会と移民問題」日本社会学会社会学事典刊行委員会編『社会学事典』丸善出版：882-3.

14　社会調査（1）社会調査とは

《目標＆ポイント》 社会調査は社会学において用いられる，「調べる」という営みのうちの一つであるが，「調べる」行為一般とはいくつかの点において区別される特別な営みである。この章では，用途面からみた社会調査の大まかな種類や，学術研究の中で社会調査が占める位置，質的調査，量的調査それぞれの特徴などについて概説する。
《キーワード》 探索型調査と仮説検証型調査，理論概念と操作概念，理論仮説と作業仮説，独立変数と従属変数，質的調査と量的調査

1．社会調査とは何か

社会調査とは

社会学において様々な社会事象について考察する際には，しばしば社会調査が行われ，あるいは過去に行われた社会調査の結果が参照される。社会調査は，「調べる」という営みのうちの一つではあるが，私たちが日常的に行っている「調べる」行為一般とは異なる固有の特徴を持つ。

本書では，社会調査を次のように定義する。「社会調査」とは，①社会に関する事象を対象として，②現地に足を運ぶなどして対象から直接に，③客観的方法によって（つまり明示的で学術的な方法論に基づいて）データを収集し整理し集計や分析や解釈を行うことによって，④対象とした事象の状態やその背後にある法則性や因果関係を明らかにする，つまりその事象についての何らかの知見（findings）を得ることを目的とし，⑤それを報告書や論文といった形で自分以外の他者に報告する営

みである，と。つまり社会調査は，単に自分が知りたいことを知って自分が納得して終わりなのではなく，社会からデータを得て，その分析をもとに何らかの知見を得たのち，それを社会に「投げ返す」ところまで行われて初めて完結する，いわばそれ自体が（個人的ではなく）社会的な営みなのである。

用途面からみた社会調査の種類

ひとくちに「社会調査」といっても，その種類は様々であり，その区分の仕方も一様ではない。ここでは，その用途の面からみた調査の主な種類と特徴などについて概説しておこう。

（1）統計調査

主に国や自治体などの公的機関が，行政運営や政策立案等の基礎的な資料とするために，個人や世帯，事業所などを対象として人口や経済活動，生活状況等の基礎的な状態を把握するために実施している調査を統計調査という。最も大規模なものとしては，5年に1回，日本国内に在住するすべての人を対象として実施される「国勢調査」がある。統計調査は，それ自体によって何らかの知見を得ることが目的ではなく，当該テーマに関する基礎的な事実を収集・整理し公表することが目的であるため，その結果は基本的な集計表の形で公表されることが多い。近年では，政府等が実施する統計調査の結果の多くは，web上で参照することが可能になってきている。

（2）市場調査

商品の生産者や提供者が，商品の販売を成功に導くために必要な条件を明らかにするために行う調査を，市場調査（マーケティング・リサーチ）という。ある製品の普及状況や市場における占有状況などの事実関係を調べる調査と，消費者の意見や性向を調べる調査とがあり，調査票を用いた調査のほか，顧客や消費者を対象としたインタビュー調査の手法も用いられる。企業が「プレゼント・キャンペーン」などとして実施している宣伝・販売促進活動の中には，キャンペーンの応募者（＝消費者）の各種属性や意見，消費性向などを収集・分析する市場調査を兼ねているものもある。

（3）世論調査

われわれが日常的によく目にする調査の一つに，新聞社などのマスメディアや政府・民間の調査機関などが実施する各種の世論調査がある。基本的な目的は，ある時点における対象者の意識や態度の分布を把握することであり，具体的には，時事問題に関する意識調査や，内閣支持率の調査，選挙の予測調査や，生活や階層帰属等に関する意識の調査（例えば統計数理研究所が定期的に実施している「日本人の国民性調査」）などがある。また，行政が実務上の関心から，特定の政策や事業の計画や評価のために住民等を対象として実施する場合もある。

（4）学術調査

社会の様々な事象について，経済的あるいは実務的な利害を直接の目的とせず，学術上の問題関心からなんらかの知見を得るために実施される調査を学術調査という。ここで「経済的あるいは実務的な利害を直接の目的とせず」というもってまわった書き方をしているのは，第一義的には学術上の問題関心に基づく調査であっても，その問題関心が経済的あるいは実務的な利害と「完全に」切り離されているとは限らないためである。例えば，「社会問題」とされるある事象の背後にある構造を明らかにする，という学術上の関心から調査が実施されるとしても，その問題関心――背後の構造を明らかにする――がその問題の改善や解決という実務的な関心とつながっているということは十分にあり得るためである。

2. 学術研究の一環としての社会調査

記述と説明

社会調査によって社会事象についての何ごとかを明らかにする，というとき，その内実は大きくは２通りある。すなわち，記述と説明である。

記述とは，対象が「どのようであるのか」という状態を明らかにする，ということであり，説明とは，対象が「なぜそのようになっているのか」という法則性や因果関係を明らかにするということである。例えば，日本に住む40代の男性が家事を行う頻度の分布がどのようになっているのか，であるとか，ある人の一日の生活サイクルがどのようになっているのかを明らかにするのが「記述」であり，なぜそうした分布になっているのか，あるいは，どのような要因によってその生活サイクルになっているのかを明らかにするのが「説明」である。

ただし，社会調査の結果の報告においては，説明を含まない純粋な記述はほとんどあり得ない。ある社会事象について記述する際には，そもそも記述するべき事項を取捨選択する過程において何らかの説明が想定されているし，その事象について詳細に記述を行おうとすれば，なんらかの説明を含まざるを得ないことも多い。他方で，説明は，その状態に関して記述がなされていることを前提としてなされるため，記述を全く含まない説明もあり得ない。

探索型調査と仮説検証型調査

社会調査の中には，政府が行う統計調査のように，社会の状態についての基礎的な情報を得ることそれ自体が目的であるものもある。一方で，学術研究の一環として社会調査を行う場合には，調査者は，さらに一歩踏み込んだ形で問いを立てたうえで調査に臨む。このとき，問いの種類に応じて，探索型調査と仮説検証型調査が使い分けられる。

探索型調査とは，明らかにしたい社会事象の実態が（先行研究や関連する社会調査の結果を調べてみても）ほとんど明らかになっていない場合に，その実態を端的に明らかにするために実施される調査である。その手法としては，参与観察やインタビュー調査などの質的調査（すぐ後で解説する）の手法が用いられる。これに対し，仮説検証型調査とは，社会事象についての具体的な仮説を立てて，それが正しいかどうかを証明する（検証する）ために実施される調査である。その手法としては，質問紙調査などの量的調査の手法が用いられる。探索型調査は，この仮説検証型調査によって検証されるべき仮説を立てるために行われることもあるため，仮説索出型調査ともよばれる。

概念という道具

社会調査は，社会事象を対象とする。しかしわれわれは，対象とする社会事象をそのまま，まるごととらえることはできない。だから，社会調査においては，調査対象に対して（多くの場合は調査対象者という人に対して）一定の方法を用いて働きかけを行い，そうした働きかけの結果としてデータを収集し，それを分析することで社会事象についての知見を得る。

データを収集する際には，調査者は，多様で複雑な現実の中からどのような事柄をデータとして得ようとしているのかを明確にしておく必要がある。そしてそのための道具が概念（concept）である。たとえるならば，概念は，データをすくい上げるための網である（西野 2005）。調査によって得るデータが，その調査によって明らかにしたいことを適切に反映したものとなるためには，データをすくい上げる概念という網を適切に設定する必要がある。

理論概念と操作概念

概念を設定する，ということについてもう少し考えてみよう。例えば，「日本社会における社会的孤立の特徴」という研究テーマに基づいて社会調査を行うことを考えるとき，「社会的孤立」という概念について，頭の中で抽象的に考えることはできるだろうが，「社会的孤立」そのものを直接観察したり測定したりすることはできない。そこで，「社会的孤立」を，調査によって把握できるようにするために，別の具体的な概念に翻訳する必要が出てくる。例えば，「社会的孤立」を「友人・知人の数」や「会話頻度」といったいくつかの概念に分解して，それぞれの質や量を測り，それらを総合することでそれぞれ対象者の「社会的孤立」の度合いを把握する，ということを行う。このとき，「社会的孤立」のように，理論的に考えるために用いられるが直接には観察ができない概念を「理論概念」とよび，「友人・知人の数」や「会話頻度」といった，直接に観察が可能な概念を「操作概念」とよぶ。また，このとき，理論概念を操作概念に翻訳することを「概念の操作化」とよぶ。

理論仮説と作業仮説

先にも述べたように，社会調査の中には，仮説を立てるための手がかりを得るために行われるものもあれば，何らかの仮説を検証するために行われるものもある。このとき，われわれが扱う仮説には「理論仮説」

と「作業仮説」の２種類がある。理論仮説とは，研究において本来検証したいが抽象度が高くて直接には検証ができない仮説をいう。これに対し，実際に調査によってその真偽が検証可能であるように設定される仮説を作業仮説という。

先ほどの社会的孤立に関する研究の場合で言えば，例えば「(人間関係以外の部分で）社会的に困難な立場にある人ほど社会的孤立の度合いが高い」というものが理論仮説にあたり，それを検証するために立てる「経済的に貧しい人ほど友人・知人数が少ない」とか，「高齢である人ほど他者との日常会話の時間が少ない」といった仮説が作業仮説にあたる。

独立変数と従属変数

仮説は，多くの場合，いくつかの変数によって構成される命題の形で立てられる[1]。その中には，因果関係を含む仮説，すなわち，ある事柄が原因となってその結果ある事柄が生じている，という形の仮説が少なくない。このとき，原因とされる変数を独立変数（説明変数 independent variable)，結果とされる変数を従属変数（被説明変数 dependent variable）という。先程の社会的孤立に関する仮説の例で言えば，「社会的に困難な立場にあること（の度合い)」や「経済的な貧しさ」「高齢である程度」が独立変数にあたり，「社会的孤立の度合い（の高さ)」や「友人・知人数（の少なさ)」「他者との日常会話の時間（の少なさ)」が従属変数にあたる。

仮説を検証するということ

理論概念と操作概念，理論仮説と作業仮説についてここまで述べてきたことを図に示すと，次図のようになる[2]。独立変数と従属変数との関

1　この場合の「変数」とは，社会事象の中で質あるいは量が様々に変化しうるものをいう。例えば，職種や身長，独身か既婚か，年収，一年間に病院にかかる頻度などはすべて変数とみなすことができる。

〔X：社会的に困難な立場にある程度，Y：社会的孤立の程度〕

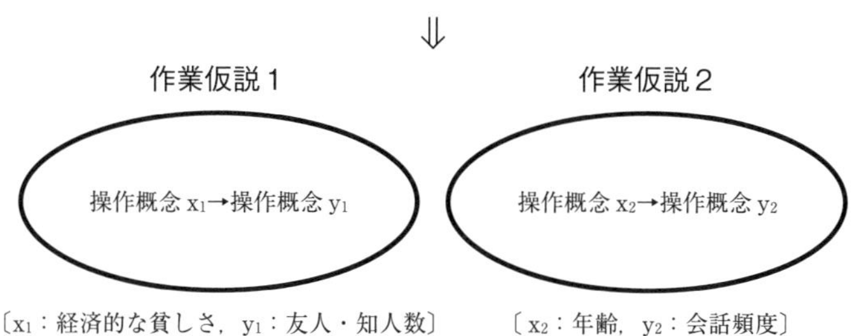

図14－１　理論仮説と作業仮説の関係

係は，影響を与える側と影響を受ける側の関係であるため，矢印でＸ→Ｙのように表記することが多い。

われわれが社会調査によって何ごとかを明らかにしようとする場合，ある程度抽象的な思考を行って，何らかの仮説を立てる。この段階の仮説が理論仮説であり，その段階で用いる概念が，理論概念である。理論仮説はそのままでは検証ができないため，実際に調査によって検証が可能な作業仮説に立て直す。その際に用いるのが，調査等によって直接把握が可能な概念である操作概念である，ということになる。

このときに問題となるのは，理論仮説と作業仮説の関係である。先の例でも作業仮説をさしあたり２つ提示したが，ある理論仮説をもとにして立てられる作業仮説は必ずしも一つではなく，様々な作業仮説が立てられ得る。その中から，理論仮説の検証という点に照らして，適切な操作概念を用いて適切な作業仮説を立てて（２つ以上の仮説を総合してよ

2　この図の作成にあたっては，松本（2007）を参考にした。

り適切な作業仮説を立てることも含め）検証することが必要となる。そのうえで，調査者は，自分が考えうる限りで最も適切な作業仮説が検証され正しいことが確かめられた場合に，「これこれこういう作業仮説を立てて検証を行った限りでは」という限定つきで，理論仮説を暫定的に正しいものとみなすのである。

他方で，検証の結果，ある作業仮説が誤っていることが確かめられたとしても，そのことをもって元の理論仮説が誤っていることをそのまま意味するわけではない。というのは，理論仮説から作業仮説を立てる段階で，あるいは，理論概念を操作概念に置き換えていく段階で何らかの誤りを犯していた可能性があるからである。例えば，先の例で言えば，「高齢である」ということを「社会的に困難な立場にある」ことの操作概念の一つとして設定することがそもそも適切かどうか，という点については，議論の余地があるだろう。

つまり，社会調査による仮説の検証結果を解釈する，ということは，調査による（作業）仮説の検証結果（真偽）を受け入れるということだけにとどまらず，その調査において検証しようとしていた問題設定に照らして，作業仮説（および操作概念）が適切に設定されていたかどうかを吟味・検討するということでもあるのである。調査者は，その点に注意した上で作業仮説を設定し，検証結果について解釈し，最終的な結論を出す必要があるし，他者の調査の結果に関する報告を読む者も，その結論を評価する際，そうした点に注意を払う必要がある。

3. データの種類からみた社会調査の種類

質的データと量的データ

社会調査によって我々が収集・分析するデータには，大きく分けて2種類がある。すなわち，質的（定性的）データ（qualitative data）と量的（定量的）データ（quantitative data）である。質的データとは，数量以外によって表されるデータ――例えば，性別や職業，政治に対する自由意見や，インタビュー（聞き取り）の内容を書き取った記録，調査対象となる人々の行動や振る舞いの観察記録，日記や会議録などの文書記録などのことである。量的データとは，数量によって表されるデータ――例えば，身長や体重，金額や順位など――である。

ただし，質的データであっても，それを一定の規則（例えば，女性を「１」，男性を「２」と表すと決める）に沿ってコード化し様々な量的データに変換することによって，統計的な分析を行うことが可能である。文章のような複雑な質的データであっても，その構成要素（文節や単語）に分解して数量的に分析する（特定の語彙の出現頻度や特定の語彙同士の関連の度合いなどを分析する）ことも可能である。したがって，量的データ，質的データという区分も，絶対的なものではない。

ここでは，相対的に少数の対象（個人ではなく集団や組織の場合もある）に対してインタビューや観察などを行うことによって主として質的なデータを収集する調査を質的調査とよび，ある程度大量の対象者に対して標準化された形式で質問を行い主として量的なデータを収集する調査を量的調査とよぶことにしよう（実際には，質的調査において量的データを収集することも，逆に量的調査において質的データを収集することもある）。

質的調査と量的調査

質的調査，量的調査それぞれの特徴をまとめると，表14-１のようになる。

まず，実際に調査が行われる対象の大きさについては，質的調査は相対的に小さく，量的調査では大きい。また，調査の主たる目的としては，

表14-1　質的調査・量的調査の特徴

	質的調査	量的調査
主に収集されるデータ	質的データ	量的データ
調査対象の相対的規模	小さい	大きい
主たる目的	事例の全体像の把握 仮説の索出	全体についての量的側面からの把握 全体の中での事例の位置づけの把握 仮説の検証
データ収集の方法	対象・文脈・状況に応じて柔軟になされるインタビュー・観察など多様	質問紙を用いての標準化された質問
面接の際の特徴	非構造化面接（非指示的面接）	構造化面接（指示的面接）
具体的な手法	インタビュー調査 参与観察 ドキュメント分析	個別面接調査法 留め置き調査法 郵送調査法 集合調査法 電話調査法 インターネット調査

質的調査では，対象となる事例について，様々な角度からのインタビュー（聞き取り）や観察などが行われ，その事例の全体像の把握と固有性の記述が目指される。人が対象の調査であれば，対象者の主観的な意図や考え方（主観的意味世界）の理解もその中に含まれる[3]。また，質的調査は，量的調査によって検証されるべき仮説を導きだすための手段として用いられることもある。これに対し，量的調査においては，明らかにしたい集団全体の状態についての量的な側面からの把握・記述や，

[3]　こうした状況や行為についての意味づけを明らかにすることの中には，外部から一見しただけでは不合理にしか見えないような行為がなぜ選ばれる（選ばれた）のか――その人にとってその行為選択にはどのような合理性があるのか――を理解するという「他者の合理性の理解」（岸政彦ほか 2016）も含まれる。

質的調査の対象となった事例の位置づけの把握，先行研究の検討や質的調査の結果などから導出された仮説についての検証が目的とされる。

データ収集の方法については，質的調査では，インタビュー（聞き取り）調査のほか，観察，スケッチ，写真や動画の撮影，関連する文書資料の収集など，対象や調査の文脈などに応じて様々な方法が用いられる。また，収集される質的データの種類も多岐にわたる。インタビューにおいて用いられる質問（問いかけ，という表現のほうがより実態に近いだろう）も，最初の問いに対する相手の答えや話の流れに応じて，尋ね方はもちろん尋ねる内容も，調査者によって柔軟に変更されていく。それに対し，量的調査では多くの場合，調査票（質問紙 questionnaire）を用いて，決まった順番で，決まった質問文で質問を行い，それに対する回答を記録していく。このとき，調査員は，調査票の指示（＝調査者の指示）に従って質問を行わなければならず，勝手に質問の順番を変えたり質問文を変えて質問したりすることは原則として許されない。これは，調査テーマに関する回答者の意識に共通した一定の構造が存在すると仮定したうえで，その構造に沿って質問文の文章や順番が設計されているためである。そのため，量的調査において面接形式で行われる調査は，構造化面接（指示的面接）とよばれることがある。

また，質的調査，量的調査それぞれの主な手法としては，質的調査では，インタビュー（聞き取り）調査のほか，参与観察（調査者が調査対象となる集団や地域に住み込むなどしてその一員となりながら観察や聞き取りを行う）やドキュメント分析（日記や手紙，新聞や雑誌記事などの文書資料を分析する）などが，量的調査では個別面接調査法や留め置き調査法，郵送調査法などが用いられる。

質的調査と量的調査の関係

質的調査は，その全体像や詳細が分かっていないような対象や現象について明らかにしたい，という場合に非常に有効である。また，質的調査において探索的に調査を進めていく過程では，調査を始める前には調査者が全く想像もつかなかったような事実や事象間の関連を発見してしまうこともある。そうした意外な発見は，その現象や対象について，ひいては社会についての調査者の認識を新たにしてくれると同時に，その現象や事象についての仮説や理論をより適切なものに練りあげていくうえでも役に立つ。その意味において，質的調査の過程で，調査を始める前に調査者が持っていた思い込みや予測を裏切るような事実に遭遇することは，非常に重要な意味を持つ。

一方，量的調査では，一定の質問文で一定の順番で質問を行いその回答が一定の形式のデータとして収集される。そこで収集されるデータは，質的調査によって収集される多面的なデータに比べるといかにも一面的で心もとない。しかし，量的調査の主目的である，本来明らかにしたい対象の全体（母集団）と実際の調査対象（標本）との関係についての統計的な分析を通じた検討は，尋ねるべき事柄を限定し標準化された手続きによって収集されたデータであるからこそ可能になる。逆に，そうであるからこそ，量的調査は，どのような事項に限定してどのような形式で質問を行い，どのようなデータを収集するのかについて十分な吟味を行った上で設計し実施しなければ，意味がない。そして，そうした吟味のために必要になるのが，先行研究についての検討や，質的調査なのである。この意味において，質的調査と量的調査とは，相互に補い合う関係にあるということもできる。

量的調査の主な手法

最後に，量的調査の主な手法について解説しておこう。

（1）個別面接調査法

個別面接調査法とは，調査対象とする個人や事業所などを調査員が訪問して，質問紙に基づいて調査員が被調査対象に対して質問を行い回答を得る方法である。得られた回答は，通常は調査員によって調査票に書きこまれる（他計式あるいは他記式という）。この方法の長所は，調査員が対象者に直接対面して調査を行うため回答者が対象者本人であることの確認ができる（本人の代わりに家族などが回答してしまうことを防止できる）こと，質問の意味が対象者にうまく伝わっていない場合に補足説明を行ったり，回答に不明確な部分がある場合にその場で聞き直して確認できることなどが挙げられる。逆に短所としては，調査員の確保・インストラクションなどにある程度の時間を要すること，交通費や日当などで他の方法に比べ相対的に費用がかさむこと，誰が調査員として面接を行うかによる回答への影響を（事前のインストラクション等によりできるだけ抑制はしても）完全には排除できないことなどが挙げられる。なお，この調査法では，対象者が留守がちであったり忙しかったりして調査員が対象者になかなか会えない場合もあるため，しばしば，次に挙げる留（と）め置き調査法と併用される。

（2）留め置き調査法

留め置き調査法とは，調査票を調査対象者にいったん預けて，回答を対象者に自分で記入してもらい，一定期間をおいてそれを回収する方法である（このように対象者が自ら回答を記入する方式を自計式あるいは自記式という）。調査票の配布方法には，調査員が対象者に直接手渡す場合の他に，同居の家族などに託す場合や，企業の従業員などが対象の場合には，企業内で配布してもらう場合もある。対象者宅などを訪問して記入済みの調査票を回収する場合には，記入漏れなどがあった場合にその場で確認できるという長所がある一方，本人が回答した，という確証が得られないという弱点がある。また，調査票の回収方法に関しては，訪問しての回収ではなく，返信用封筒を調査票と併せて配布しておき，郵便で返送してもらう場合もある（これを郵送回収法という）。

（3）郵送調査法

郵送調査法とは，調査対象者に対して，（調査の依頼状と）調査票と返信用封筒を郵送し，調査票に回答を記入して返送してもらう，という方法である。長所としては，個別面接調査などとは異なり，対象者に会えなくても調査の依頼・実施が可能である，調査員が回答者に与える影響を排除できるといった点が挙げられるが，留め置き調査と同様，家族などでなく対象者が回答したという確証がない，全体的に回収率が低くなりがちである，といった短所がある。ただし回収率については，調査票送付後にある程度の期間をおいてから督促状を送付するなどの工夫によってある程度向上させることが可能である。

（4）集合調査法

集合調査法は，調査対象者に一か所に集まってもらい，その場で調査票の配布，回答の指示を行い，調査票に回答を記入してもらう方法である。長所としては，個別訪問や郵送調査に比べると人手や費用を相対的に低く抑えることができる点や，調査場所で音声や動画などを一斉に視聴してもらったうえでそれに対する反応などを回答してもらうことができる点などがある。ただし，“調査対象者に一か所に集まってもらう”ということが必要になるので，学校の生徒や企業の従業員などに対象が限定されがちであるという短所がある。また，他の調査対象者が周囲にいることによって“周りの人はどう回答しているだろうか？”という点を回答者が意識しやすく，回答が周囲の人の雰囲気に合うようなものに偏る可能性がある点にも留意しておく必要がある。

（5）電話調査法

電話調査法は，調査対象者に対して電話を通じて質問を行い回答を得る方法である。母集団からの調査対象者の抽出には，かつては電話帳がよく用いられていたが，電話帳への電話番号の掲載を希望しない人が増えたため，現在では機械的に無作為に発生させた電話番号に電話をかけるＲＤＤ（Random Digit Dialing）法が用いられている。比較的安価かつ迅速に実施可能であるため，マスメディアが行う世論調査や投票行動調査などで用いられることが多い。ただし，対象が電話保持者に限られるほか，調査員と対象者とのやりとりは電話を介してのみなので確実に対象者本人が回答しているという確証がない，複雑な質問は行えない，短時間に限られる，電話による押し売りや詐欺などと混同されやすく調査拒否にも遭いやすい，といった短所がある。なお，電話調査はかつては固定電話保有者のみを対象として実施されていたが，携帯電話のみを使用し固定電話を設置していない世帯も増えてきていることをふまえ，世論調査などでは，固定電話の電話番号と携帯電話の電話番号の両方を対象としたＲＤＤ法による調査が実施されるようになりつつある[4]。

（6）インターネット調査

近年では，電子メールやインターネットのwebサイトを通じて質問がなされ回答が収集される調査が実施されることもある。ここではそれらを総称してインターネット調査とよんでおこう。インターネット調査

---

[4] 併用する際に具体的にどのようにして標本を抽出すれば調査精度が高められるか，といった点についてはまだ様々な検討課題がある（例えば槙純子 2017）。

の長所は，何よりも，大量の対象者に対して迅速に実施ができ，費用も非常に安くて済むことである。しかし，短所も非常に多い。まず，そもそも調査可能な対象が，インターネットを使える環境にある人に限られる。本来の調査対象である母集団の確定が困難であることも多く，母集団から無作為に標本を抽出する（次章で解説する）という段階を経ることができず標本の代表性が担保されない場合も多い。さらに加えて，実際の回答者も，日常的にインターネットを使用していて機器の利用などに抵抗がない人に偏りやすい。また，インターネット上の技術もその普及状況もめまぐるしく変わっているため，現時点では，調査方法としての信頼性や妥当性についての評価はまだ固まっていない，というのが実情である[5]。

他方で，我々の日常生活の中では，残念ながら，特定の企業の顧客や特定のサービスの利用者などに対して行われたインターネット調査の結果が，あたかもインターネットの利用者全体（もっとひどい場合には「日本人全体」）の傾向であるかのように報じられているニュース記事やコラムを目にすることも少なくない。自らがインターネットを使って調査を企画・実施しようとする際にそれが目的に照らして適切な方法であるのかを慎重に吟味するべきであることはもちろんだが，一方で，我々が「インターネット調査」の結果に触れる際には，それが誰に対してどのような方法で行われた調査であり，その結果はどの程度一般化可能なのかについて，注意を払っておく必要がある。

5　インターネット調査については，大隈昇（2014）が包括的な整理を行っていて参考になる。

参考文献

岸政彦・石岡丈昇・丸山里美，2016，『質的社会調査の方法――他者の合理性の理解社会学』有斐閣．

槙純子，2017，「シングルフレームによる固定電話・携帯電話併用式RDD調査」『社会と調査』（18）：62-73．

松本康，2007，「社会調査で何がわかるか」森岡清志編『ガイドブック社会調査 第2版』pp.51-66　日本評論社．

西野理子，2005，「何を知ろうとするのか」小林修一・久保田滋・西野理子・西澤晃彦編『テキスト社会調査』pp.32-33　梓出版社．

大隅昇，2014，「ウェブ調査」社会調査協会編『社会調査事典』pp.106-113　丸善出版．

15 社会調査（2）調査とデータ分析の手法

《目標＆ポイント》 社会調査には様々な手法があり，調査によって得られたデータの分析方法も様々にある。この章では，質的調査の手法やデータ分析の方法，量的調査における標本抽出の方法や質問紙作成の際の留意点，データ分析の基本的な手法などについて概説する。併せて，調査者が遵守すべき調査倫理の原則についても解説する。

《キーワード》 インタビュー調査，フィールドワーク，参与観察，ラポール，母集団，全数調査と標本調査，標本抽出法，ワーディング，調査倫理

1．質的調査の手法と質的データの分析

インタビュー調査

質的調査の代表的な手法として挙げられるのが，インタビュー（聞き取り）調査である。インタビュー調査の実施にあたって留意すべき点をいくつか挙げておこう。

まず，当然のことではあるが，インタビューによって何を知りたい（聞きたい）のかをある程度明確にしておくことが重要である。知りたい事柄について先行研究などである程度のことが事前に分かっている場合には，それでもまだ分かっていない事柄など，尋ねるべき事柄についてのリストを作っておいたうえでインタビューを行う（半構造化インタビューという）ほうがよいし，逆に，ほとんど分かっていない場合には，大まかなテーマのみ設定しておいて被調査者にはそのテーマについて自

由に語ってもらう（非構造化インタビュー）ほうがよい。ただ，いずれの場合でも，インタビュー調査の場合には質問などをその場で調整できることが強みであるので，相手の話を聞きながら，その話は何を意味するのか，いわゆる5W1H（いつ・誰が・どこで・何を・なぜ・どのように）について確認しておくべきことがないか，などを意識し，質問（問いかけ）を臨機応変に追加したり変更したりする構えで臨むことが重要である。

また，そのテーマに関連する事前の下調べも重要である。調査を企画するまでの段階で収集した既存の統計調査や先行研究の結果を自分なりにまとめておくこともちろん必要であるし，自分が調査対象とする地域や団体が具体的に決まった段階で，それらについての情報も文献やwebサイトなどで可能な限り事前に収集・整理してまとめておくことが望ましい。これは質問紙調査などの量的調査でも同様であるが，被調査者に直接尋ねなくても文献などで調べることができることを対象者に尋ねることは先方に対して失礼であるし，先方に無駄な時間をとらせることにもなってしまうためである。

フィールドワークと参与観察

質的調査においては，調査現地に調査者が実際に足を運んで資料収集や，インタビュー調査や参与観察などがしばしば行われる。これをフィールドワーク（field work）という。フィールドワークや参与観察に際して最も重要なことは，調査対象者や対象地への敬意である。調査対象者や調査地は，調査者のために存在しているのではない。調査者は，対象者から様々なことを「教わるのだ」という謙虚な姿勢で臨むことが重要である。また，調査の具体的な対象や内容にもよるが，調査にあたっては，できるだけ事前に（難しければ調査の途中で），調査対象となる人々に（全員に，ということが難しければ代表的な人など），その調査の目的や概要を説明して了解を得るということが望ましい。

さらに，これは量的調査の場合にも言えることだが，調査者は調査対象者との間に良好な関係（ラポール rapport）を築くことが原則となる。ただし，調査者と対象者との関係は，親しければ親しいほどよいというわけでもない。例えば，親しくなり過ぎることで逆に率直に話しづらい／聞きづらいことが出てくる場合もあるだろうし，派閥争いのような対象者間のトラブルに巻き込まれてしまうこともあるかもしれない。したがって，調査を行う上で対象者との間にどのくらいの社会的距離を保つのが適切なのかについて，調査者は調査期間中，絶えず注意を払っておく必要がある[1]。

質的調査のデータの収集と分析

インタビュー調査にせよ，参与観察にせよ，質的調査におけるデータ収集の基本はメモである。インタビュー調査では録音が許される場合もあるが，録音では記録できない情報（インタビューの場の雰囲気や相手のしぐさや表情など）もある。また，録音データを後で文字起こしする際にも，メモがあるほうがスムーズかつ的確に起こすことができる。場面によってはその場ではメモを取ることができない（場にそぐわなかったり不適切であったりして）場合もあるが，その場合は，とにかく記憶をするようにしておいて，メモが取れる状況になったときにその記憶をメモに書き留める。そして，こうして調査現地などで書き留めたメモは，整理してノート（最近では紙媒体ではなく電子ファイルの場合が多い）に記録しなおす。このときには，現場でのメモでは省略していた情報も

1　ただしその一方で，完全に良好な関係が築けなければ調査できない，というものでもないし，調査者が対象者との距離を一方的にコントロールできるわけでもない。こうした認識をもとに，近年では，調査者と調査対象者との関係そのものもデータとして記録し（例えば調査者が現地でどのように振る舞いそのことが対象者にどのように受け止められ，さらに調査者がどのように反応したのかなど）それらをも分析対象に加えるということも試みられつつある。

補い，後日自分が読み返したときに意味が分かるように書き直す。この作業は，その日の自分の記憶も総動員するため，その日のうちに行うことが大原則である。

こうして収集した質的データの分析手法は，データの具体的な種類・内容や調査の関心によって多岐にわたる[2]。ここでは，一例として，2段階のコーディング[3]によるインタビューデータの分析手法を紹介しておく（Emerson ほか 1995＝1998）。この手法では，まず，インタビューデータ（文字化して電子ファイルにしたもの）を読み返す。そして，語られている内容の意味のまとまり（一文程度である場合もあれば１段落程度である場合もある）について，単語や短文で簡潔な見出し（コード）をつける[4]。この作業（オープン・コーディング）の際には，併せて，データを読み返していて気づいたことなどのメモも書き込んでいく。次に，そうして作成したコードやメモを読み返して，頻出するコードを調べたり類似するコードをまとめたり，抽象度を上げたコードをあらたにつけてコードを階層化しながらまとめたりしていく（焦点を絞ったコーディング）。この作業を行いながら，そのデータから何を解釈できるのかを吟味し，仮説や理論を構築していくのである。

2. 量的調査における標本抽出の方法と質問紙作成の留意点

全数調査と標本調査

その調査において本来調べたい全個体に対して実施する調査を，全数

[2] 質的データの分析手法についてさらに知りたい場合は，谷・芦田編（2009），前田ほか編（2016），岸ほか（2016）などを読んでみてほしい。

[3] ここで紹介している質的調査における「コーディング」とは，分析者が考察のためにデータの一部分に単語や短文の見出しをつけ整理することを指し，後で触れる量的調査の「コーディング」――統計分析のためにデータを一定の規則に従い数字や符号に置き換えること――とは意味合いがやや異なる。

[4] プリントアウトしたものに手書きでつけていく方法もあるし，ワープロソフトなどの機能を用いてパソコン上でつけていく方法もあるが，ここでは詳細は省略する。

調査（悉皆調査 census）という。代表的なものとしては，国勢調査や経済センサス（国内のすべての事業所および企業が対象）などが挙げられる。ただし全数調査は，母集団（調べたい対象すべて）の規模が大きい場合，多くの費用，労力，時間がかかるし，現実には実施が困難なことも多い。そのため，現在行われている量的調査の多くは，標本調査という形で行われている。標本調査とは，母集団の中から一部の個体を標本（サンプル sample）として選び出して（これを標本抽出／サンプリング sampling という），その標本に対して行う調査である。標本はあくまでも母集団の一部であって，本来知りたいのは母集団の状態であるから，標本調査では，標本に対して行った調査の結果から母集団の状態を推測する，という推論の過程をたどることになる。そして，その際には統計学の理論（推測統計）が用いられる。標本抽出においては，母集団の状態をできるだけ正確に推測することができるように，母集団のいわば「縮図」となるような標本を抽出するように努めることが必要となる。

様々な標本抽出法

では，母集団の「縮図」にできるだけ近い標本を抽出するための方法にはどのようなものがあるのか。標本抽出の方法には，大きく分けると，有意抽出法と無作為抽出法の２種類がある。

有意抽出法とは，何らかの方針のもとに，母集団から意図的に特定の個体を標本として選び出す方法である。例えば，ある企業の全従業員を母集団とする場合，その企業の従業員の「典型」であると調査者が考える従業員を標本として意図的に選び出す，というものである。なぜ選び出された標本が「典型」であるのか，という点については，調査者の主観的な判断に委ねられることになり，標本が母集団の「縮図」になっているかどうかは統計的には評価できない。

また，有意抽出法の中には，割り当て抽出法（クォータ・サンプリング quota sampling）というものもある。これは，母集団に関してすでに明らかである情報がある場合に，それを手がかりに，母集団の「縮図」に近くなるように意図的に標本を選び出すという方法である。例えば，従業員調査の場合，従業員の男女比や年齢構成が分かっている場合に，それらと同じ割合になるように意図的に標本を選び出す，という方法である。ただしこの場合でも，性別や年齢以外の指標に関しても母集団の正確な「縮図」になっているかどうかは保証されていないという点は注意しておく必要がある。

これに対し無作為抽出法とは，調査者の作為を加えないことを原則として母集団から標本を抽出する方法である。その最も基本的なものは，母集団の全個体が載ったリスト（標本抽出台帳あるいはサンプリング台帳という）から厳正なくじびきの要領で（すなわち，すべての標本が同じ確率で選ばれるように）標本を選び出す，という方法であり，これを単純無作為抽出（simple random sampling）という。無作為抽出法は，しばしばその英名のまま「ランダム・サンプリング」ともよばれるが，ここでいう「ランダム」とは，「でたらめ」とか「手当たり次第」という意味ではなく，“どの個体が標本として選び出されるかという点について，できるだけ完全な偶然に委ねられるように周到に設計がされている”という意味に理解するべきである。しばしば，街頭などで通行人に手当たり次第に声をかけて「アンケート調査」を行うことが「ランダム・サンプリング」だと思い込んでいる人がいるが，これは全くの誤りである[5]。

単純無作為抽出では，あらかじめ台帳上の全個体に通し番号（1, 2, 3, 4, …, N）をふっておき，1からNまでの数字のうちから目標とする標

[5] この（誤った）例の場合は，そもそも，母集団が何であるのかが特定されていないという問題があるし，仮に，「X月Y日の□時から○時までの間にある通路を通る人すべて」を母集団としたとしても，「手当たり次第に声をかける」という方法では，声をかける人からみた声のかけやすさや好みによる偏りを排除することは困難であるため，無作為抽出ではない。

本数分の乱数を発生させ，その乱数に該当する番号の個体を標本として抽出する，という手順を踏む。乱数を得るためには，「乱数表」という特別な表[6]などが用いられる。ただし，単純無作為抽出では，乱数を発生させ該当する個体を選び出す作業を標本の数だけ行うため，抽出する標本数が多い場合には作業が非常に煩雑になる。そこで，例えば，系統抽出法（台帳から標本を抽出する際，最初の標本をくじ引きの要領で抽出し，2番目以降の標本は一定の間隔で抽出する方法）という方法も用いられる。また，調査対象である個人や世帯が広範囲に分散している場合などには，多段抽出法（multi-stage sampling）という方法も用いられる。多段抽出法では，例えば，まず全国の市町村の中から調査を行う市町村を抽出し，次に，抽出された各市町村の有権者名簿から（系統抽出法等によって）個人を抽出する，といった段階的な抽出が行われる。また，層化（層別）抽出法（stratified sampling）という抽出法もある。これは，調査項目に関連すると考えられる重要な指標に注目して母集団をあらかじめいくつかの層に分け，そのそれぞれの層に標本数を（多くの場合，母集団に占める各層の規模に比例するように）割り振ったうえで標本を抽出するという方法である。マスメディアが行う世論調査などでは，この層化抽出法を多段抽出法と組み合わせた層化多段抽出法というかたちで用いられることが多い。

なお，標本抽出を行う際，一般的には，先に述べたように，母集団の全個体が載ったリスト（標本抽出台帳）をもとに標本抽出を行う。しかし，そもそもそうした台帳が存在しない，あるいは存在はしていてもプライバシー保護の観点から閲覧できない場合も増えてきた。そのため，前章の電話調査の項で紹介したRDD法や，住宅地図をもとに標本抽出を行うエリア・サンプリングという方法も用いられるようになってきて

6　0から9までの数字が，規則性なく，かつ同じ出現確率で並んでいる表。表の中から任意の数字を選んだ後，その数字以降を3桁，4桁などに区切って乱数として用いる。既存のものでは，日本工業規格（JIS）に基づく乱数表（JIS Z 9031：2012の付表）などがある。

いる。

質問紙作成の留意点

量的調査においては質問紙（調査票）を用いることが多い。質問紙作成にあたって留意すべき主な点をいくつか挙げておく。

まず，調査によって何を明らかにしようとしているのかを再度確認し，そのうえで，質問項目を吟味・設定し，それから具体的な質問文を作成する（ワーディング wording という），という手順を踏むことが重要である。すなわち，自分は母集団の何を明らかにしたいのか——ある事柄の分布状態を知りたいのか，特定の変数と変数の間の関係を知りたいのか，その場合，何を従属変数（被説明変数）とし，何を独立変数（説明変数）として設定するのか——を確認し，そのためにはどういった事項を尋ねるべきなのかを書き出し，それらの過不足や優先順位を検討したうえで，各事項に該当する質問を文章化していく，ということである。というのは，いきなり質問文の作成から始めてしまうと，枝葉末節にこだわり過ぎて調査の全体像を見失ってしまい，結果的に不要な質問を設けてしまいがちだからである。一つの調査票に盛り込む質問の適切な量は，調査方法（個別面接調査か郵送調査か電話調査かなど）や調査のテーマ，種類などによって異なるため一概には言えない。しかし一般的に，調査票のページ数や質問の量が多ければ多いほど，回答に対する被調査者の負担感が増し，回答の質が低下したり，回収率が下がったりする。したがって，質問項目を必要最小限に抑えるためにも，質問項目は十分に吟味・厳選しておく必要がある。

また，質問項目の設定にあたっては，回答形式（選択肢方式か自由回答形式か，選択肢方式の場合択一式とするのか複数回答形式とするのか）についても気をつける。自由回答形式や複数回答形式はできるだけ少なくするのが原則である。

また，質問文の作成にあたっては，（1）質問の意味を明確にする（人によって受け取り方が変わるようなあいまいな尋ね方をしない），（2）1つの質問文の中に2つ以上の問いを含む質問（ダブルバーレル質問 double-barreled question）[7]をしない，（3）一般的でない専門用語や特定の価値判断のニュアンスを伴う言葉（ステレオタイプ stereotype という）を用いない，（4）誘導的な質問（バイアス質問 biased question）をしない[8]，などの原則を守る必要がある。質問紙調査では，どのような質問文で質問をするかによって回答が変わってくる可能性があるため，回答者が的確に質問の意味を理解できること，また，一定の方向に回答が傾くことがないように注意を払う必要がある。また，既存の様々な量的調査の結果を読む際にも，その調査においてどのような質問文が用いられているのかについても気をつけておきたいところである。

3. 量的調査のデータの分析

量的調査のデータ処理

量的調査において回収した調査票は，そのままでは単なる紙の束に過ぎない。コンピュータのソフトウェア上で集計や分析ができるようにするためには，一定の規則にしたがって回答をコードに置き換え，コンピュータ上で入力を行い，表計算ソフトでよく見るような行列（マトリクス）データを作成する作業が必要である。行列データを作成する過程では，エディティング，（質的データの分析におけるコーディングとはまた別の意味の）コーディング，クリーニングという一連の作業が必要である。

7　例えば「日本政府は防衛予算を減らし社会保障予算を増やすべきだと思いますか」というような質問。

8　例えば「今回の○○国の□□という声明に対しては国連から非難決議が出ています。ところであなたは○○国の声明についてどのようにお考えですか」というような質問。

エディティング（editing 検票）とは，回答者あるいは調査員が記入した回収票について，不明瞭な記載や記入漏れ，不完全な回答，論理的に矛盾する回答などがないかを確認し，必要に応じて，対象者に再確認をするなどして訂正を行う作業のことである。

コーディング（coding）とは，調査によって得られた回答を，分析のために，一定の規則に従ってコード（code 符号）に置き換える作業のことである。質問への回答形式が選択肢形式である場合には，選択肢にあらかじめ割り当てておいた回答番号（「1．はい　　2．いいえ」など）がそのまま置き換えるべきコードになる（プリコーディング pre-coding）が，自由回答形式の場合は，記入された回答内容を調査者が後から一定の基準に沿って分類しコードに置き換える作業（アフターコーディング after-coding）が必要になる。コーディングの際には，プリコーディングだけの場合もアフターコーディングを行う場合も，どのような回答にどのようなコードを割り振るのかを一覧にした「コード表」を作成しておくことが必要である。コーディングが済んだら，表計算ソフトなどを使用して，コンピュータ上に調査票から回答内容を順番に入力していく。

最後のクリーニング（cleaning）とは，入力が済んだデータについて，入力ミスがないか，また，エディティングやコーディングの段階で発見できなかったような誤りがないかを点検し，訂正する作業である。この作業は，コンピュータ上で，表計算ソフトや統計分析ソフトを用いて行うが，調査票を手元に置いて，誤りがみつかった場合には，該当する調査票を確認して，正しい値に訂正する。

量的調査のデータの分析

クリーニングまで済んだらいよいよ統計的な分析に入るのだが，本章では紙幅の関係上，分析の基礎である（1）データの特徴の把握と（2）変数間の関係の把握，それぞれの基本的な方法の紹介にとどめる。

（1）データの特徴の把握

分析にあたってまず最初に行うべきことは，調査によって得られたデータにどのような特徴があるのかを把握することである。そのための主な方法としては，表による把握（表15-1），グラフによる把握（図15-1），統計量による把握（表15-2）が挙げられる。

表15-1　度数分布表の例（回答者の最終学歴・数値は架空）

最終学歴		度数	パーセント	有効パーセント	累積パーセント
有効	中学校卒業	70	54.3	56.0	56.0
	高校卒業	20	15.5	16.0	72.0
	短大・高等専門学校卒業	16	12.4	12.8	84.8
	大学卒業以上	19	14.7	15.2	100.0
	合計	125	96.9	100.0	
欠損値	不明・無回答	4	3.1		
合計		129	100.0		

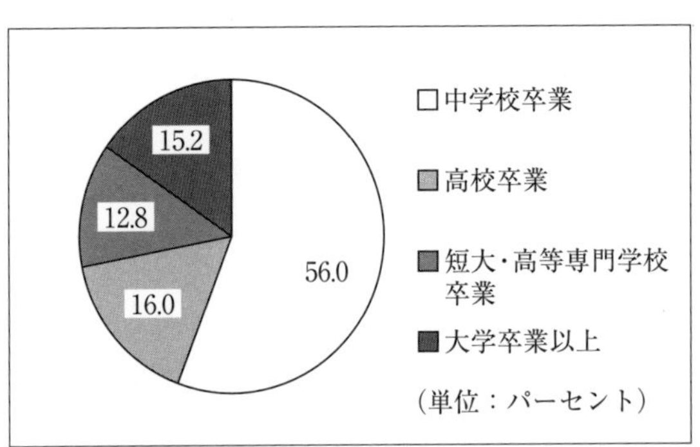

図15-1　グラフの例（円グラフ・回答者の最終学歴・数値は架空）

表15-2　基本的な統計量

名称	意味など
最頻値（mode）	度数分布の中でもっとも度数または比率が大きいカテゴリーの値。
中央値（median）	ケースを大小の順に並べ変えたときにちょうど真ん中に位置する値。
平均値（mean）	値の総和を全ケース数で割った値。
分散	各ケースの値と平均値との差（偏差）を二乗して足しあわせたものをケース数で割った値。データの散らばり具合を表す。
標準偏差	分散の正の平方根をとった値。データの散らばり具合を表す。

（2）変数間の関係の把握

また，変数と変数との間に関連があるかどうかを見分けるための基本的な方法としては，散布図（図15-2）やクロス表（表15-3）などが用いられる。

散布図は，関係について把握したい変数を縦軸と横軸にとった平面上に各ケースの点を打っていくことによって作成する図で，現在では統計

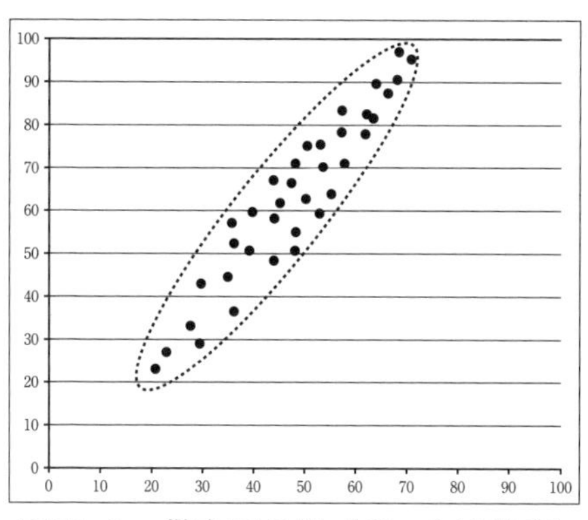

図15-2　散布図の例（データは架空）

分析ソフトや表計算ソフトで比較的簡単に作図可能である。図15-2のx軸は数学の試験の点数，y軸は化学の試験の点数を示しているものとして考えてほしい。図中の点線の楕円は，散布図を作成した後で点の広がり具合に応じて書き加えたものである。この例の場合では，数学の点数（x）が高いケースでは化学の点数（y）も高く，数学の点数が低いケースでは化学の点数も低い，という関連がありそうであることが分かる。

関連の有無について把握したい変数が試験の点数のように連続した数量で表すことができない変数である場合には，クロス表を用いた分析が用いられる。表15-3は，回答者の居住地の種別と支持政党の有無に関するクロス表である。表の左端の列（表側という）には居住地の種別が，表の最上段（表頭という）には支持政党の有無が記載されている。また，表中の各マス目（セル cell という）の上段には度数が，下段には各行の合計に対する各セルの％（行パーセントという）が記載されている。行パーセントを見ていくと，都市部では「支持政党あり」が22.1％であるのに対し，村落部では30.8％である。逆に，「支持政党なし」は都市部では77.9％であるのに対し村落部では69.2％となっている。ここから，村落部では都市部よりも政党支持者が多そうだという傾向を読み取ることができる。

表15-3　クロス表の例（回答者の居住地と支持政党の有無・数値は架空）

		支持政党あり	支持政党なし	合計
都市部	度数	138	486	624
	％	22.1％	77.9％	100.0％
村落部	度数	141	317	458
	％	30.8％	69.2％	100.0％
合計	度数	279	803	1082
	％	25.8％	74.2％	100.0％

散布図やクロス表は，変数間に関連があるかどうかを把握するための最も基本的な手法である。ただし，その関連についてより詳しく評価する（本当に関連があるのかそれとも見せかけ上の関連なのかを見きわめる等）ための方法や，標本から得られたデータから母集団の状態を統計的に推測するための方法は多岐にわたる。そうした分析方法については，社会統計学に関する教科書[9]などを参考にしてほしい。

4．調査倫理

前章でも述べたように，社会調査は，社会からデータを得て，その分析をもとに何らかの知見を得たのち，それを社会に「投げ返す」ところまで行われて初めて完結する，いわばそれ自体が（個人的ではなく）社会的な営みである。そして社会調査は，社会からの信頼と協力なくしては成り立たない。そこで最後に，社会調査を行う際に調査者に求められる倫理，すなわち調査倫理について触れておきたい。

調査倫理の3本柱

質問紙調査であれ，インタビュー調査であれ，調査を実施する段階において遵守すべき倫理の１つ目は，説明と同意（いわゆるインフォームド・コンセント）である。これは，その調査の目的や方法，意味，結果の公表方法などを調査対象者に説明して同意を得ることを調査実施の前提とするべきであるという考え方である。この中には，調査への協力自体が任意であることの他に，調査中であっても中断・拒否することができることなどについての説明も含まれる。

２つ目は，ハラスメント（嫌がらせ）の禁止である。調査の過程で対象者の人格や尊厳を傷つけるような言動や行為をすることの禁止であり，調査票のワーディングについての配慮――特定の属性の人を貶めたり不

9　自習に適したものとしては，林（2018），浅川（2011）のほか，Bohrnstedt & Knoke（1988＝1990）も定評がある。

快にしたりするような表現を用いない——などもこの中には含まれる。

3つ目は，プライバシーの保護である。調査において収集された個人のプライバシーに関するデータは，外部に流出することがないように適切に管理し，分析結果の公表においても，対象者の意に反して個人が特定されることが無いように十分に注意をしなければならない。また，こうした点について事前説明にも盛り込むことが必要である。

以上の3点に関して注意すべきは，形式主義に陥らない，という点である。例えば，インタビュー調査などでは，調査の開始にあたって，調査の趣旨や調査を拒否する権利があることなどについて説明書を手渡しして説明し，同意書にサインをしてもらう場合がある。しかし，そのことは，“相手から同意を得たのだからあとはいくらでも調査してよい”ということを意味しない。調査の途中で「やっぱり嫌だから調査を中止してください」と明確に意思表示ができる人ばかりではないし，調査の趣旨説明をして最初に了解を得た段階では説明が十分に伝わっていなかった，ということもある。したがって，調査の途中でも，相手の様子に注意を払い，調査を継続してもよいか，心配な点がないかなどを適宜確認したほうが良い。また，仮に説明書・同意書を取り交わしたとしても，調査者と対象者とは完全に対等な立場なのではなく，両者の間には，データを収集する側／提供する側，書く側／書かれる側，という非対称の関係が存在する。対象者が「これは書いてもらってもかまわない」と話してくれたことであっても，調査報告書などにそのまま書いてしまうと読み手に偏見や誤解を与えてしまい結果的に対象者や関係者に迷惑が及んでしまうこともあるだろう。したがって，調査者は，調査中も調査後に結果をまとめる段階でも，形式主義に陥ることなく，自身と対象者との関係について出来る限り注意を払い，自分が行っていることが対象者に対してどのような意味を持つのか（あるいはどのような影響を与えるのか）について想像力を働かせる必要がある。

参考文献

浅川達人，2011，『ひとりで学べる社会統計学』ミネルヴァ書房.

Bohrnstedt, George W. & Knoke, David, 1988, *Statistics for Social Data Analysis (2nd ed.)*, Itasca, IL: F.E. Peacock Pub.（＝1990，海野道郎・中村隆監訳『社会統計学——社会調査のためのデータ分析入門』ハーベスト社）

Emerson, Robert M., Fretz, Rachel I & Shaw, Linda L., 1995, *Writing Ethnographic Fieldnotes*, Chicago: The University of Chicago Press.（=1998，佐藤郁哉・好井裕明・山田富秋訳『方法としてのフィールドノート——現地取材から物語作成まで』新曜社）

林拓也編，2018，『改訂版 社会統計学入門』放送大学教育振興会.

岸政彦・石岡丈昇・丸山里美，2016，『質的社会調査の方法——他者の合理性の理解社会学』有斐閣.

前田拓也・秋谷直矩・朴沙羅・木下衆編，2016，『最強の社会調査入門——これから質的調査をはじめる人のために』ナカニシヤ出版.

谷富夫・芦田徹郎編，2009，『よくわかる質的社会調査——技法編』ミネルヴァ書房.

索引

●配列は五十音順，＊は人名を示す。

●さ　行

●た　行

●な　行

●は　行

●ま　行

●や　行

●ら　行・わ　行

著者紹介

北川由紀彦（きたがわ・ゆきひこ）

1972年　愛知県に生まれる
2003年　東京都立大学大学院社会科学研究科博士課程単位取得退学
現在　放送大学教養学部教授，博士（社会学）
専攻　都市社会学
主な著書　『貧困と社会的排除――福祉社会を蝕むもの』（共著　ミネルヴァ書房　2005年）
『不埒な希望――ホームレス／寄せ場をめぐる社会学』（共著　松籟社　2006年）
『社会的包摂／排除の人類学――開発・難民・福祉』（共著　昭和堂　2014年）
『グローバル化のなかの都市貧困――大都市におけるホームレスの国際比較』（共著　ミネルヴァ書房　2019年）
『移動と定住の社会学』（共著　放送大学教育振興会　2016年）
『都市と地域の社会学』（共著　放送大学教育振興会　2018年）
『社会調査の基礎』（共著　放送大学教育振興会　2019年）

放送大学教材　1730142-1-2111（テレビ）

社会学概論

発　行　　2021年３月20日　第１刷
著　者　　北川由紀彦
発行所　　一般財団法人　放送大学教育振興会
〒105-0001　東京都港区虎ノ門1-14-1　郵政福祉琴平ビル
電話　03（3502）2750

市販用は放送大学教材と同じ内容です。定価はカバーに表示してあります。
落丁本・乱丁本はお取り替えいたします。

Printed in Japan　ISBN978-4-595-32275-4　C1336